《易经》管理密码

王建成 著

上海科学技术文献出版社

Shanghai Scientific and Technological Literature Press

图书在版编目（CIP）数据

《易经》管理密码 / 王建成著 . —上海：上海科学技术文献出版社，2016

ISBN 978-7-5439-7058-8

Ⅰ . ① 易… Ⅱ . ①王… Ⅲ . ①《周易》—应用—管理学 Ⅳ . ① C93-02

中国版本图书馆 CIP 数据核字 (2016) 第 133524 号

责任编辑：胡欣轩
装帧设计：有滋有味（北京）
装帧统筹：尹武进

《易经》管理密码
王建成 著
出版发行：上海科学技术文献出版社
地　　址：上海市长乐路 746 号
邮政编码：200040
经　　销：全国新华书店
印　　刷：上海中华商务联合印刷有限公司
开　　本：787×1092　1/32
印　　张：6.75
字　　数：119 000
版　　次：2016 年 7 月第 1 版　2016 年 7 月第 1 次印刷
书　　号：ISBN 978-7-5439-7058-8
定　　价：32.00 元
http://www.sstlp.com

恺撒的物当归给恺撒。

人在最小的事上忠心，在大事上也忠心。

凡有的，还要加给他；
没有的，连他所有的也都夺过来。

目录

序
一

黄粱"易"梦

我从1994年创立复旦金仕达开始算起，至今已有二十几年的创业经验、职业体验和管理经验。这二十几年里，我辗转于民营企业、政府和大型国有企业，其间也为解决心中困惑前往中欧商学院EMBA班学习。于是，见证和解读了太多的企业（组织）从小到大和兴衰成败的例子。今天，我与80后组成团队，设立颐成投资基金，专注于投资偏早期的项目，就是希望帮助这些成长中的青年人能够"借船过河"、收获成功。

在当今瞬息万变的世界经济领域，企业领导者每天都必须面对变革的挑战和机遇,面对危机与成就的战略选择。能够永葆变革活力并不断推动企业成长的企业家,其基本特征是保持始终如一的创新激情与勇于面对现实真相的胆略,把变革聚焦在群体的行为上,心无旁骛,知行合一,并能真正把中国的优秀传统文化与西方的现代管理知识融会贯通和举一反三。

当我看到这本《〈易经〉管理密码》的时候,发现本书的作者恰好朝着这个方向大胆尝试着和努力着,这让我回想和反思创业往事,并发现我和我的创业故事竟然是自在"乾坤",不禁觉得那段创业体验恰是黄粱"易"梦——《易经》之易——把自己的那场白日梦变成了现实,却也算是在万一之中的幸事了。

经由这本书的梳理和解码,突然发现自己恰好一直以来都从事着与"易"相关的工作和事业——计算机技术和管理工作。原来,不管我们懂不懂"易","易"一直在我们身边,无处不在。

在今天的商业环境下创新和创业,我们或许有的选择并不多——要么创造未来,要么死于未来。无论企业还是个人,唯有迅速适应环境的变化才能生存,唯有掌握变化的主动才能领先。

我友及同事、合伙人王建成先生,心有秉持,持道经年,未届不惑之龄,却已著书多本,堪称博学雅量的君子,存山川城郭在胸、生曼妙莲花于笔的英才。他曾由政而商，人生阅历自比常人丰富许多。经纶世务培育了他独思慎行的气质，识人甚多则提供了其慧眼辨析的能力。这本《〈易经〉管理密码》是他研经多年、经营多年、管理体验和投资感悟的成果与大胆探索，共鸣良多，引人深思。

是为之序，也为之荐。期待更多的正在创业的人能够看到，并从中获益，更期待王建成先生和他的这本《〈易经〉管理密码》能够为全社会的创新创业助力！

乔志刚

复旦金仕达创始人

颐成投资董事长

序
二

探秘之旅

我们生活在意义深远的转型期，互联网技术不断迭代，颠覆性的技术、剧烈的竞争、细分的市场、全能的顾客、新颖的商业模式以及挑剔的股东，都对当下的管理提出了新的挑战。一流的战略大师加里·哈默在其《管理的未来》一书中提出"当今的管理已经过时"。

管理和环境及经济社会的发展紧密相连，由于环境的不同、技术的更新、人力的变化、资源约束的嬗变，如果用20世纪工业化时代的一些管理思想和手段来推进现代化转型期的企业管理，则会出现方向性的错误，抑或导致一个企业的倒闭。因为，管理学与物理学不同，既非先知也非亘古不变，中国学术界和实践者往往受西方的管理思想的束缚，将在完全不同的土壤上产生的管理思想用于中国的管理实践。于是，让现有的管理模式略显局促。

在现代转型期中，王建成先生在加里·哈默提出"传统的管理已经过时"之际，却反其道而行之，从中国最古老的文化瑰宝中寻求管理的真谛，勇敢地用《易经》探索管理的秘密和出路。单凭这一点，就值得我们对这本书抱有兴趣。

《易经》是我国的预测学、信息科学的起源和基本，《易经》中阴阳八卦符号和六十四卦的卦象、爻象，不仅是宇宙间万物万事的密码标志，而且是一个储存量很大的信息库。在以往研究东方管理的学者中，也有研究《易经》中的管理思想，但许多就易经而易经，未能有效结合现代管理环境瞬息万变的信息。

而王建成先生所著的《〈易经〉管理密码》一书，有一些可喜的突破。这本书不同以往的是，一方面它拿"过去"(中华民族文明经典《易经》)诠释，另一方面它利用《易经》预测未来的功能，应用大量的"当今"和"未来"(中西方最新管理研究成果和真实案例)论证、说明和印证。如此一来，我们对此书抱有更大的期待。

此外，作者心有秉持，持道经年，研习《易经》多年，先有政府工作经验,后有经商底蕴,加之已有多部小说和散文作品问世(笔名：牧太甫);所以,不管是对《易经》的解读,还是对管理案例的解剖分析,都有独特的见解和启发。和学术论著不同的是,在此书中我们还可享受到作者优美的文字陈述和对管理的独特情怀。如此,我们将从此书中收获更多的启迪。

为序,更愿那些正在经历创业的梦想者进入此书的探秘之旅,获得创业的成功!

顾晓敏

教授、博士生导师

上海远程教育集团副总经理

上海开放大学副校长

引言

易言难尽

说容易话，难以道尽。话容易说，道却难尽。

这种"说不清道不明"的感觉，或许就是大家对《易经》望而却步的"难言之隐"吧。

我想用一种大家都能听得懂的语言来一起谈谈《易》，用有点世俗"功利"的手段或伎俩"信口雌黄"地随便聊聊易卦。当然，或许还能给满是"铜臭"味道的"管理"撒上一层书香。

易言难尽！

此"易"意为《易经》之易。

易，改变；经，书籍。《易经》是一本揭示变化及其规律的书，是中国传统思想文化中自然哲学与人文实践的理论根源，是古代汉民族思想、智慧的结晶，被誉为"大道之源"，是古代帝王之学，政治家、军事家、商家的必修之术。它涵盖万有，纲纪群伦，是汉族传统文化的杰出代表；广大精微，包罗万象，亦是中华文明的源头活水。

《易经》由太极图和八卦及六十四卦构成其主要内容。然而，易经，周行不易，读完后，唯留"中正"二字。不易者，中正之"道"也。[1]于是，有人故弄玄虚，用占筮、求神、拜佛等迷信活动"粉饰"起来，结果被人误解成"迷信书"。

实际上，懂《易》者(如诸葛孔明)的"掐指一算"是在心中"盘点"形势，以对应《易》中的卦象罢了。《易经》实在是解释自然规律、社会规律的科学书、哲学书以及人类文明的宝典。

易言难尽——

此"易"包含"管理"之易。

在汉语中，易这个字有三种词性，分别是动词、形容词和名词。动词"易"，指的是交换、交易，改变、更改，替代，整治，以及蔓延、传播等意思；形容词"易"，意为容易，简易、简省，平坦，平易，和蔼等；名词"易"，则指古代指阴阳变代消长的现象，《易经》，通"埸"、边界，以及姓氏等。

---

[1] 林忠军.《〈易纬〉导读》[M].齐鲁书社,2002.

综上，管理的"决策、计划、组织、领导、控制"等要素均
与"易"的含义相互交合、相互重叠、相互解释。所以说，在
一定意义上，管理是一门"易术"，《易经》是一门管理经典。

易言难尽……

此"易"既是《易经》之易，也是"管理"之易。

我拿起"管理"之铲掀开《易经》，并煞有介事地在卦象
里逐一找寻，结果似乎真的发现了点什么。于是，我以为这是
我发现的"金子"，而且我不愿意把它们埋在地里[1]，倒是希望
更多的人看到它们、使用它们，这或许才是我的经营之道吧。

---

[1] 据《马太福音》记载：天国又好比一个人要往外国去，就叫了仆人
来，把他的家业交给他们，按着各人的才干给他们银子：一个给了
五千，一个给了二千，一个给了一千，就往外国去了。那领五千的随
即拿去做买卖，另外赚了五千。那领二千的也照样另赚了二千。但
那领一千的去掘开地，把主人的银子埋藏了。过了许久，那些仆人
的主人来了，和他们算账。那领五千银子的又带着那另外的五千
来，说：主啊，你交给我五千银子。请看，我又赚了五千。主人说：
好，你这又良善又忠心的仆人，你在不多的事上有忠心，我要把许多
事派你管理；可以进来享受你主人的快乐。那领二千的也来，说：
主啊，你交给我二千银子。请看，我又赚了二千。主人说：好，你这
又良善又忠心的仆人，你在不多的事上有忠心，我要把许多事派你
管理；可以进来享受你主人的快乐。那领一千的也来，说：主啊，我
知道你是忍心的人，没有种的地方要收割，没有散的地方要聚敛，我
就害怕，去把你的一千银子埋藏在地里。请看，你的原银子在这里。
主人回答说：你这又恶又懒的仆人，你既知道我没有种的地方要收
割，没有散的地方要聚敛，就当把我的银子放给兑换银钱的人，到我
来的时候，可以连本带利收回。夺过他这一千来，给那有一万的。
因为凡有的，还要加给他，叫他有余；没有的，连他所有的也要夺过
来。把这无用的仆人丢在外面黑暗里，在那里必要哀哭切齿了。

在《塔木德》[1]里面有这样一个故事:从前,有一个人买彩票,他选了64号,结果中了头奖。于是,他的朋友们都来祝贺他。不过,他们中间也有几个心怀嫉妒的人。其中一个道贺者问他:"你怎么会正好选中64呢?为什么不是63或者65呢?"他抓了下自己的头皮,眨巴了一下眼睛对这位朋友说:"我做梦的时候,看见7个8在我眼前晃来晃去。7乘以8等于64,于是,第二天买彩票的时候我就选了它。"听完,这位朋友很吃惊地说:"可是,7乘以8等于56吧?"他一脸微笑地说:"是吗?不过没关系,你数学比我好,你就继续做你的数学题吧……"

所以,大家不要把我当作易学家或者管理学家来吹毛求疵或批判,我只不过就是勇敢、大胆地做了个美梦,并且以这样的形式说了出来……

不过,万一这梦想成真了呢?

---

[1]《塔木德》是流传三千三百多年的羊皮卷,一本犹太人至死研读的书籍。犹太教口传律法的汇编,主体部分成书于2世纪末~6世纪初,为公元前2世纪~公元5世纪间犹太教有关律法条例、传统习俗、祭祀礼仪的论著和注疏的汇集。

导读

自在乾坤

这是一个令人深感不安和躁动的时代。

——步入移动互联网时代

——迈向大数据生活和工作

——逼近人工智能和3D打印

——遭遇美俄因乌克兰问题引发的战争危机

——面临因钓鱼岛问题而不断恶化的中日关系冲击

——面对马航MH370等空难事件频发的刺激

——世界各地恐怖袭击事件频发

……

　　所有这些，让生活在这个时代的我们情绪激动而紊乱——一方面，这个时代让我们看到了机遇，这是一个可以让我们大展身手、大有作为的时代；但是，另一方面，这个时代又让我们感受到了前所未有的危机感，这是一个安全感脆弱、危机四伏的时代。

　　平复一下心绪，让我们回顾一下历史——18世纪初德国数学家莱布尼茨读《易经》深受启发，从而创设了二进制算法。[1]今天，大家都知道这二进制对计算机发展奠定了"语言"基础，虽然"能明其理者甚鲜"，但是它（《易经》和"二进制"）却深深地影响了我们今天生活的方方面面。

　　作为"卒莫穷其作用之所以然"的我们应该怎么应对？作为普通社会人的我们将会怎么应对？作为普通企业管理者和职工的我们究竟应该怎么应对？

　　这三个问题好像就是一个问题，一个问题三个不同侧面。

　　就让我们回到"原点"一起找寻——

---

[1] 二进制是一种只有两个数字的数字系统，过去认为其由微积分的发明者之一莱布尼茨于1703年首次提出。在电子计算机发明前，它是没有实际意义的，而莱氏发明的计算机仍然采用十进制系统。最新发现表明二进制发明或早于莱布尼茨好几个世纪。莱布尼茨见到朱熹改造的易图后，便以二进制附会易经的六十四卦，显示其发明与古老中国伏羲创造的易经相通。其在《致德雷蒙信》中指出，易经中的六十四卦图形，恰恰与他在二十多年前发明的二进制计数法相类似：阴爻- -可以用0表示，阳爻—可以用1表示。而易学天地之数中没有零的概念。

我们都是自然人。

可是,作为平凡的我们究竟有几个人真正意识到了这一点?或者说,能有几个人真正了解生命、珍惜生活、敬畏死亡?

生命是人的光。(《易经》的"生命"密码)

有天地,然后有万物;有万物,然后有男女;有男女,然后有夫妇;有夫妇,然后有父子。[1]

人类为了保护自己所居住的星球,正在改变自身的消费习惯。而在我们周围的朋友和亲人正在经历精神上的转变——有人因为为人父母而转变,有人因为生活的悲剧而转变……作为人,我们具有惊人的适应能力和创造力(不然,早就被自然淘汰)。但是,这一点却未被我们所效力的组织(企业)所重视——因为它们少有创造力。

光照在黑暗里,黑暗却不接受光。[2]

我们都是社会人。

这一点大部分人都知道,也常常自诩自己是文明的社会人。

文明是社会的光。(《易经》的"文明"密码)

---

[1] 见《周易·序卦》。

[2] 见《圣经·约翰福音》。

有父子, 然后有君臣 ; 有君臣, 然后有上下 ; 有上下, 然后礼仪有所错。[1]

然而, 我们却正在为不太人性化的组织工作。也就是说, 现代组织在某种程度上剥夺了人类的适应性和创造力。公司的管理原则与流程, 形成了纪律、精准、经济、理性和秩序, 抹杀了艺术、反抗、创意、勇敢和锐气。人们每天上班, 但许多人只是在梦游——这是一个 "不太文明" 的社会!

我们都是管理人。

这是一个关于个人社会定位和社会心态的问题。

赢利是企业的光。(《易经》的 "经营" 密码)

天尊地卑, 乾坤定矣。卑高以陈, 贵贱位矣。[2] 都不过是 : 君子道长, 小人道忧也。[3]

如今, 创新比任何活动都更重要。而且, 创新往往来源于那些不起眼的角色, 来源于那些在亲朋好友眼中的 "普通人", 来源于平凡的你和我。其实, 大部分人在生活中的某些方面都能展现出很强的创造力。但是, 他们在工作中却显得缺乏创造力, 那是因为他们缺乏机会——不珍视人(以及自己)的创造力就是 "草菅人命", 就是 "视金钱如粪土"。

---

[1] 见《周易·序卦》。
[2] 见《周易·系辞(上)》。
[3] 见《周易·杂卦》。

那么，就让我们以一种"大思维"的方式，从上面说的人的三个不同维度，探寻《易经》的密码。当然，目的不是为了给这些世人还在争论问题提供答案，而是希望将我们面临的困难分解为更小的、更易被攻克的各个组成部分。然后，我们或许就可以将精力聚焦在那些可能产生重大影响的子问题上，缓解我们心中的忧愁、焦虑和不安。

其实，我们已经知道引起我们不安的并不是互联网、大数据、局势、战争、灾害和时代，而是未来的不确定性——急剧的变化。在未来的几十年里，任何社会、组织和个人的适应能力都将受到前所未有的严峻考验。

虽然如此，但是我们却不一定需要冒很大的风险来解决"急剧变化"带来的"大问题"。如果问题非常大，任何解决问题的小进步都将有价值，有时候不一定非要找到所谓的"对策"。有些问题是"你能解决的问题"，另一些则是"你只能努力解决的问题"[1]。

显然，一切自在"乾坤"——

解码第一：天行健，管理以创新不止。

☰ 乾：天行健，君子以自强不息。

【白话】《象辞》说：天道运行周而复始，永无止息，谁也不能阻挡。君子应效法天道，自立自强，不停地奋斗下去。

---

[1] 美国前国务卿舒尔茨对问题进行过的区分方法。

在整本《易经》中，乾卦排在第一，旨在强调阳刚力量在决定事物发展的矛盾中居于主要地位。管理的"乾"道就在于勉励人们立足于奋发进取，但是进取的方向要注意顺应形势，或向外开拓市场，或向内以提高企业综合实力。

管理"乾"道中的"自强不息"，首先指的是管理要有激情，不然很难在旷日持久的"苦日子"里"不息"。关于激情作为人的一项能力，在《解码第二》管理的"坤"道中会做详细论述，这里说的"激情"指的是其在管理创新中的作用。

其次，管理要把创新作为一种新常态——这与《易经》通篇要传达的意思完全吻合。管理大师加里·哈默疾呼："当今的管理已经过时！"[1]——因为作为调动资源、部署计划、制订工作方案、产生绩效的活动，管理是完成人类梦想的关键功能，当它无法达到预期目标时，就会给人类带来巨大的损失。诚如开篇所说，当今的时代环境已经大变迁并且人在变迁，当进入这个"变成为唯一不变"的时代的时候，我们的管理却依旧受20世纪初一小撮已故的理论家与实践者提出的所谓"现代"管理的约束，这显然是不合时宜的。领悟乾卦吧，天行健，唯有拥抱创新，并把这种管理创新当作公司管理的新常态，或许才是合宜的。

第三，创新来自多个层次，营运创新、产品（服务）创

---

[1]【美】加里·哈默，比尔·布林.《管理的未来》[M]前言.

新、战略创新以及管理创新,而管理创新无疑是最高层次的创新(见图0-1)。当然,这个"创新塔"的秘密被隐藏在了乾卦里面——自强不息。

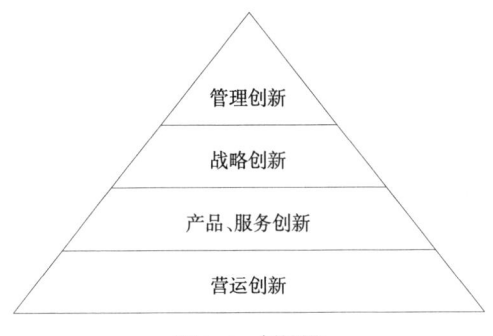

图0-1 创新塔

所谓欲谋大事者,必经挫折与沉浮。

我供职的SW公司是一个专门从事大学信息化项目建设的IT公司,虽然其作为一个独立的工商注册主体的时间不长,但是其发展历史可谓悠长,时至今日,才能在全国特别是华东地区高校信息化领域处于领先的地位。

20世纪90年代初,还没有SW人,他们身处只是作为中国第一代IT企业的KS公司内部的一个"地位卑微"的事业部,后来KS公司被世界财富500强企业SG公司收购,SW人的地位更加微不足道。不过,SW人没有放弃自己的理想,自强不息,始终坚持在全国高校信息化市场上耕耘,不断开疆辟土,终于在市场上占据一席之地。

于是,在2012年初,SW人终于向KS反收购了这个事业部,并看准市场需求,迅速开发出适应高校信息化需求的系列产品,由此快速扩张,短时间内成长为全国高校信息化领先企业。

从卑微到微不足道,从微不足道到找准市场,从产品定位到成为领先企业,近二十年来,SW人自强不息,坚持创新(既运营创新、产品创新、服务创新,也有战略创新,更关键的是坚持管理创新),才有了今天的自豪与荣耀。

解码第二:地势坤,创新以包容为本。

☷ 坤:地势坤,君子以厚德载物。

【白话】《象辞》说:坤象征大地。君子应效法大地,胸怀宽广,包容万物。

在《易经》中阴的概念表示对立面中次要的、被动的、承受的、被支配的、顺从的、柔弱的方面。不过,《易经》并不认为阴阳的地位与强弱是固定不变的,而是认为世界处于阴阳消长的过程之中。

今天,我们的组织战略生命周期正在不断缩短,创新成为公司重生与延续成功的唯一选择,也是在残酷竞争中生存的唯一出路。

最初,因为缺乏"教育",消费者的"无知"保障了企业的利润。但是,如今的消费者通过网络等手段能够便捷地"接受教育",因此不再"无知"。

我们可以将人类的能力按照层级形式进行排列,这些能力将创造未来的成功。[1]能力层级中最基础的能力是服从(它是基础),往上一层的能力是勤奋、知识与智力、积极进取(即创造力),最高一层则是激情。表0-1对这六项能力进行了说明,并概括了上述六项能力对价值创造的贡献比例。

表0-1 人类能力层级与价值创造贡献

能 力	概 述	对价值创造的贡献比例(100%)
激 情	努力跨越障碍、永不言弃	35%
创造力	充满好奇与兴趣	25%
主动性	不用追问、找新的挑战新的方法增加附加值	20%
知识与智力	天资聪颖、不断提高技能、向他人学习	15%
勤 奋	有责任感、不走捷径、尽职尽责、组织有序	5%
服 从	按照既定方向执行和遵守规则的能力	0

激情有时会让人们干蠢事——有时它让我们满怀愤怒地固执争吵,甚至到最后忘了为什么争吵——但是,激情

[1]【美】加里·哈默,比尔·布林.《管理的未来》[M].

是让我们的意向变为成功的"神秘调料",而且,激情具有感染力,"一个拥有激情的人胜过40个仅仅有兴趣的人"[1]。

PT公司是我参与投资的一家专注二次元的游戏开发、发布和运营的公司,虽然公司注册成立于2014年4月、不超过60个人的团队,但是在2015年4月的时候已经被风投公司估值超过8亿元人民币,而且还有大胆的风投给出超过10亿元人民币的估值投资价格。

跟传统的IT公司SW不同,PT公司的小伙伴们都比较"稚嫩",但是,PT人更富有激情(有工作激情,更有生活激情)和创造力(有产品体验的创造力,更有生活体验的创造力)。

在参投PT公司之前,有个故事深深打动了我。PT的创始人是个深度的二次元游戏迷,也是两个小孩的母亲,就是在如此繁忙的工作和生活背景下,她都能保证每天两小时以上的游戏时间。问她时间哪里来?她说她每天只睡三个小时。哪里来的精力?那是对游戏的热衷和对二次元事业的激情。

不过,她的梦想远不止于10亿,远不止于手机游戏,而是更多更远更长久……

可是,放眼市场上,令人惊讶的是,真正能使创新成为每位公司成员日常工作的公司凤毛麟角。

---

[1] 英国小说家福斯特语。

第一篇 灵修有道

信·道

是万物变迁循环中亘古不变的规律，在个人层面就是人生境界和价值观，判断坏美丑喜的标准，是生来就有的天赋，不易改变，只能靠长期修养去领悟。

1. 鼎新者创

企业,是我们参与社会生活的一种重要形式。管理,则是让这种社会生活形式更加滋润、更加富有价值、更加富有趣味并能够可持续地发展。

当然,企业是当今社会流行的一种赚钱手段。但是,企业不是唯一赚钱手段,赚钱也不是唯一的企业要义,企业也是我们创立事业的一种高效的、可持续的手段。强调这一点对于我们顺畅地阅读本书有非常重要的意义,对于理解我提出的《易经》的"管理密码"也是非常重要的。虽然,不可避免"书不尽言、言不尽意",但是,我们还是可以通过各种努力将这种差距无限缩小,促使"书、言、意"无限接近。

根据《易经》卦序,接着第一、二卦乾、坤卦后面的第三卦是屯卦(其错卦[1]是第五十卦鼎卦),讲的是天地初创的时候人们应当投入全部才智去立一番"事业"的故事。其错卦鼎卦与之呼应,讲出了"完成使命"的必要条件——正位凝命。

---

[1] 错卦,又称正对卦,是指将一个卦的六个爻全部变为相反的爻所形成的卦,即用对立的观点来认识理解卦性是否存在"元、亨、利、贞"特性的一种解卦方法。

解码第三：云雷屯，克难以大思维。

☳ 屯：云雷屯，君子以经纶。

【白话】《象辞》说：云雷大作，是即将下雨的征兆，象征初生。天地初创，国家始建，正人君子应以全部才智投入到创建国家的事业中去。

掐指一算：当今世界，云雷大作——

变革步伐加快，产业领先者的更替迅速，竞争优势消失更快。

"去规模化"效应C出现，自由竞争成为主流。

公司将融入"价值网"和"生态系统"，竞争优势不再依赖产品的市场能力，而主要在于产品的协同能力。

一个"期待免费"的时代。

互联网使得市场的主动权从生产商转到了消费者。

战略生命周期不断缩短。

产业面临更多新的、超低成本的竞争者。

……

这是一个"云雷大作"的激烈时代。

为保持企业的既有利润空间，企业必须适应新的环境，必须赢得新的挑战，必须源源不断地进行改变规则的创新。

管理创新将改变管理者的做事方式。因为它是对传统管理原则、流程和实践的明显背离，而这种背离极大地改变了管理工作的方法。

从屯卦我们领悟到：要创造一个能够不断激励员工每天都发挥其最佳水平的环境，让大家都能"以全部才智投入"，才能在这个颠覆性加剧的时代里，具备强的战略适应力和效率高的运营能力。

这一个"初生""初创""始建"的机会世界。

"初生"的时候，正如今天我们心中的焦虑和急躁——空虚混沌，渊面黑暗。"要有光。"就有了光。[1]于是，这个世界诞生了……

那么"光"是什么？

屯卦告诉我们：事业是创业者的光。

《周易》把屯卦的意义解示为难、艰难、困难。开天辟地之初、万物产生之时，种种艰辛和苦难都要面临，引申为任何一种新事物产生和发展，必定要经历种种艰辛。庆幸的是我们有创业者的眼光观看这个世界、这个时代、这个市场。

2014年初KSM公司将延续了15年的基础教育软件业务剥离出去，成立了DP公司，专门从事基础教育K12网络教育业务，目的非常明确：就是要激发员工的激情，让大家全情投入到新的企业环境中，发挥全部的才智，将DP当成每个人自己的事业去奋斗、去努力。

[1] 见《圣经·创世记》。

果然，短短的一年时间里公司上下群情激昂，一派网络创新公司的崭新面貌——

温馨友好的办公环境，青春激扬的工作氛围，雷厉风行的团队作风，死磕到底的产品精神，绝不罢休的服务态度，勇攀高峰的企业群情……

一走进这家DP公司，我们尽能感受到浓厚的创业氛围和为事业打拼的奋斗青春。是的，连我都被感动了，忍不住撸起袖子加入到他们中间去。这么一家公司，我们怎么可能不相信他们会成功？

解码第四：鼎取新，致胜以正位严责。

☲ 鼎：木上有火，君子以正位凝命。

【白话】《象辞》说：巽（木）下离（火）上，为木上燃着火之表象，是烹饪的象征。君子应当像鼎那样端正而稳重，以此完成使命。

正所谓"一言九鼎"，大家都知道诚信之于我们这些社会人的重要意义和价值。不过，我们在这里要讨论的是"鼎"——搭起架子，燃火烹饪，是借鼎的烹饪作用，将生食改造成为熟食，寓意将旧事物改造成为新事物。跟革卦的"去旧"有别，鼎卦意在"取新"。

管理创新最大的障碍是对传统的管理深信不疑，其实，正如全食超市的CEO麦基所说："要想解密这个公司的关键之一,其实是公司最初的创始人并不知道该如何管理。"于是,麦基并未成为正统商业管理训练的囚徒,而是创造了新的商业管理模式。

那么,我们是否也应该照搬麦基的管理思想和模式呢?

鼎卦给我们的启迪是:勇于创新,拥抱新事物。

互联网的出现,特别是移动互联网的出现,使得市场的主动权从生产商转移到了消费者那里。在这一个颠覆性加剧的世界里,企业必须同时具有战略适应能力强、运营效率高的特征。为了保证既有利润空间,企业必须源源不断地进行改变规则的创新。我们的确受前人的束缚,并醉心于当前的管理。但是,人类能够创造出现代的工业组织,也就一定能重新改写它。

经历了20年的发展,SW公司已然是全国高校信息化市场的佼楚——拥有多条产品线,并且是唯一拥有几乎高校信息化全产品线的公司,更让SW人骄傲的是它拥有其他竞争对手几乎无法媲美的优质客户(拥有985和211学校数量众多)。用一个SW内部销售的话来说,现在SW什么都不用做,每年都能有不错的业绩和利润收入。

于是,在我刚进入这家公司任职的时候,无比感叹:这么松散的团队和这么传统的管理模式,竟然还能有这么不错的业绩。或许,正是因为如此,老SW人才不觉得需要去改变什么——工作是如此的惬意和轻松,而业绩也是逐年在增长,没有理由去改变它啊。

不过,新一届的公司高管察觉到了市场的变化,并发现了SW的许多不能适应新环境的因素和弊端。于是,顶着公司众多中层的反对意见,SW公司开展了一场大刀阔斧的管理改革——

缩减产品线,以提高产品质量和客服体验;重设事业部,以调动员工工作积极性和提高员工工作效率;新增互联网事业部,以应对市场新环境、研发新产品;扩张分公司,以加强属地管理和客户服务;加强毕业生招聘,以更加长远的目光看待企业发展和壮大……

一年后,SW公司的利润翻倍、群情激昂。

当然,SW的这种大张旗鼓的改革并不是所有的公司都能效仿的,因为这种方式如果处理得不够好,很可能会摧毁一家正常运营的公司。SW公司之所以能够成功,关键是它有一位绝对权威和权势的领导者,而且恰好SW公司的高层管理团队又能紧密团结在这位领导者的身边。

治大国如烹小鲜。在看清"云雷大作"的形势之后,搭起鼎架,让我们正式开始一场公司管理的"烹饪"之旅吧!

2. 善变者立

大千世界,乱花迷眼。

管理之初,当明白教育的重要性,根据人们的实际情况,或进行启蒙教育,或施行教化。管理施行之初,也应掌握好启蒙教育的方法和原则,因材施教、因势利导,培养有道德、有才能人。

管理之初,也当明白天在变、道在变、人也应当变。这是《易经》全书,贯穿着变革的基本观点,用管理的"行话"来说,就是最能变者就最能生存。

解码第五:物生蒙,行动以果敢决断。

☶ 蒙:山下出泉,君子以果行育德。

【白话】《象辞》说:坎(水)下艮(山)上,为山下有泉水之表象,但要想发现甘泉,必须设法准确地找出泉水的位置,即意味着先必须进行启蒙教育。君子必须行动果断,才能培养出良好的品德。

得益于互联网的发展,人们有了便利的获教育途径,同时,人与人之间的隔阂也在不断减小。但是,由于每个人的教育背景、家庭背景、成长经历等众多客观因素的差异,在人们中间依然存在着这样或者那样的沟通鸿沟。

在这个"云雷大作"的迷雾世界,我们需要一双慧眼,在看清形势的同时果然行动——慧眼和果行这两点都非常重要。

快速发展的互联网时代已经到来,它要经历三个发展阶段:互联、互通、互懂。远程操控,属于互联阶段;联动属于互通阶段;互动则是对用户(人)的行为学习和模拟,是互联互通的自我演化和进化。

世界正以如此迅猛的速度发展着,我们怎么办?

蒙卦建议我们:让专业且有语言能力的人担任管理岗位。

在一个商业团队中,建立互信非常重要。只有互信,才能建立合作伙伴关系,只有信任才能分享技术和经验,也只有信任才能共创时代、迎接未来。

因此,我们需要一个足够专业、能力足够让人敬佩,同时,又能促进沟通、善为调和的人,让他为我们的互信架设沟通桥梁和纽带。

我曾经亲历过这样的情况:一群人围坐在一个敞亮的会议室里,气氛紧张激烈,因为谁都不肯让步,于是"路人"我被拉了进去做判断和决策。我也是出于好心,耐心地听完了几方的观点和诉求,后来发现:他们之间在大的方向和判断上基本上是一致的,只不过因为情绪上的问题,谁也听不进谁的真实想法和意见,只是各顾各地表达着自己的观点、宣泄着情绪——虽然这让外人觉得这会议"激烈"、这群人"有激情"。

这个发现让我异常担忧。

我及时把我的担忧告诉了CEO,才发现他也在为这个"发现"吃惊着——多年以来的同事情分,中间有喜有悲、有快乐有摩擦、有表扬有指责,表面上看似深厚了同事情义,而实际上,人性中的那些弱点(贪婪、吹毛求疵、宽己严人等)也经常威慑着大家的心灵。因此,时不时会抓住某个机会爆发出来,彼此宣泄着对对方的不满。而这一点,又更加损伤着彼此之间的信任,加增了同事之间的芥蒂。如果不及时处理,不仅会损伤同事情义,更有可能溃散团队、溃散集体、溃散公司。

我们采取的措施是这样的——"目睹—感受—变革"[1]的模式。

让大家像往常一样参加会议,只不过我同时让助理一起参加,在旁边记录大家的发言。等会议结束后,我让助理把该场会议的记录发给所有与会者。几天后,奇怪的事情发生了——陆陆续续有人或邮件或直接向我倾诉,看了这份会议记录才知道原来我们的会议开得有多么糟糕。于是,这种发会议记录的做法又坚持了几次,终

---

[1]【美】约翰P·科特在《变革之心》一书中提出的有别于传统的"思考—理论—变革"的一种管理变革模式。

于大家都认识到公司的会议开得很糟糕、很低效，直到所有人都开始反思如何开好会议、让会议高效……

接下来，大家都给高效会议提出了自己的建议和意见。后来，大家还发现公司的文化娱乐活动太少了，于是，有人提议建立足球俱乐部、羽毛球俱乐部、读书会……

再后来，大家依然会在会议上争吵，但是这种争吵是必要的、建设性的、增进沟通和交流的。

解码第六：行有嘉，变革以顺天应人。

☲ 革：泽中有火，君子以治历明时。

【白话】《象辞》说：离（火）下兑（泽）上，为泽中有火之表象。大水可以使火熄灭，大火也可以使水蒸发，如此，水火相克相生，从而产生变革。君子根据变革的规律制定历法以明辨春、夏、秋、冬四季的变化。

这是一次"改变世界的机会"。

传统的管理机制，要求施行官僚主义，一层管一层，它的优点显而易见，也证明了它能带来有效管理的稳定、控制和监督，也带来了显著的经济效益。但是，传统管理思想认识的前提是绝大多数的员工是平庸之人，因此，它要保证精英管理层的命令能够尽量"不折不扣"地得到贯彻和执行——它们的"代表作品"有：精益管理、六西格玛……

不过，随着社会的变迁，加里·哈默疾呼"当今的管理已经过时"。与哈默有点不同的想法：尽管时过境迁，一切尽在乾坤，只是不同的人做出了不同的选择，不关对与错。

得益于互联网技术特别是移动互联网技术的普遍应用，公司里平庸的大多数似乎"可以"不再那么平庸——人们运用互联网的工具，可以便捷地获得知识和帮助，这给原来的精英管理带来了莫大的挑战甚至是对抗。

所谓的精英管理，其实就是把公司里的大多数人"弱智化"的过程——看出来了吗，"平庸的"我们并不是主动平庸，而是"被平庸"！现在，我们应当直面这个问题：普通平庸的员工一多，公司就很难吸引和留住真正杰出的人才。

革卦告诫我们，就算是水与火也要"相克相生"：突破来源于质问式的假设和轰轰烈烈的模式。

扁平化管理模式是打破精英管理模式的重弹，它鼓励人们挑战权威。而"挑战权威"正是创新者的推进剂。

充分的扁平，为人们自由沟通增值，并让别人"共享自己的声音"。充分的扁平，更多的是相互激励而不是上级对下级的宣布或布置。充分的扁平，让员工对公司业务模式进化有创造性的思维。充分的扁平，使得在达成重要决策时，所有利益相关方都在场，并有权利直接参与决策制定过程，也有权利否决。充分的扁平，让员工承诺做事而不是根据安排做事。这种充分的扁平，可以将被这种管理模式高度激励且能力突出的员工拥有共同的使命，他们并不需要细节上的管理。

综上，我把这种充分的扁平，称作"基于互联网思维的扁平管理模式"。

那么，管理上所谓的控制和监督呢？

其实，原来管理上的所谓"控制"，在实践中使用最多的实际上是利用"信息不对称"来实现的——例如：保密的薪资制度、保密的销售制度等。但是，这种信息不对称的做法的思想假设前提就是"平庸的大多数"，难听一点就是"把大多数当成低智商的人"。幸好有了互联网这种工具，弥补了平庸员工的"低智商"。控制这项管理职能，被基于互联网思维的扁平管理模式"自发"、"内生"了。

此外，我们已经知道过度的监督阻碍创新。当然，有了使命感的创新者仍然需要监督，也需要平衡他们无限制创造的离心力。只是这种监督是团队之间真实、流畅、透明和持续的反馈，而不是上下级之间的控制。

3．能待者强

　　管理，就是为了满足各种需求，这要靠奋斗，但是时机不成熟时，奋斗很难成功。所以，需要等待，以便在制约中得到更多的行动自由。等待是强者的自信，清醒的强者，强在既能奋进，又能不冒进。

　　等待，并不是坐着不动。而是以柔顺的手段得以晋升，以光明正大作为基础取得上进。当决定执行管理措施时，要勇往直前，不可患得患失，退缩犹豫就会错失机会。

　　解码第七：云上天，等待是强者的自信。

　　☷ 需：云上于天，君子以饮食宴乐。

　　【白话】《象辞》说：乾（天）下坎（水）上，为水在天上之表象。水气聚集天上成为云层，密云满天，但还没有下雨，需要等待。君子在这个时候需要吃喝、饮乐，即在等待的时候积蓄力量。

　　艺术，通过她的感染力让人思考人生、思考生命、思考哲理、思考信仰。管理也是一门艺术，那么，它必然也要通过它的感染力让人思考——需卦恰好道出了管理中的这一点。

据说,谷歌公司有一条"70-20-10"的创新法则——即:70%的资源用于基础业务提升,20%投入可以明显拓展核心业务的服务,10%用于萌芽中的创意。根据这条法则,谷歌的开发者可以将其20%的时间投入到个人"嗜好"中去。这意味着公司里面总有一部分人在某一时刻是"失控"的——这种"失控"的状态,就是需卦里面说的"等待"的境况。

需卦告诫我们:要善用等待积蓄力量。

管理中的失控和等待,就是把管理酝酿成艺术的过程。管理在一个公司里无处不在——通过它的企业氛围,一旦把管理艺术化,人们真的就是沉浸到艺术的氛围中去了,这样员工就能不断地思考、不停地思考。

我们已经知道,导致领先企业失败的原因有很多,其中包括:官僚主义横行、傲慢自大、管理团队老化、规划不当、投资短视、技能和资源不足,以及单纯的时运不济。那么,既然我们都已经知道了导致企业失败的多重原因,那我们就是不是就可以有针对性地进行防范和避免呢?

实际情况则是不然。

依然存在这样的失败企业——他们管理良好、锐意提高竞争力、认真倾听客户意见、积极投资新技术研发,却仍然丧失了市场主导地位,甚至走向衰败和衰亡。

为什么会这样?

这是管理创新的窘境——成熟企业在应对各种类型

的延续性创新时,可以做到锐意进取、积极创新、认真听取客户意见,但是他们无法成功解决问题。为新产品找到新的应用领域和新的市场,似乎是这些企业所普遍具备,但在时过境迁后又明显丧失的一种能力。这些企业似乎被他们的客户绊住了手脚,从而给了攻击性的新兴企业颠覆他们的可乘之机。

如何摆脱这种窘境?虽然还没有一个标准的答案,但是从需卦我们可以知道,是时候该停一停,"等待灵魂赶上极速前进的躯体"了。

不过,在我所供职的SW公司,员工的假期要比一般的IT公司要多好多。别人春节假期一共七天,SW公司则比其他公司多放四天,前面多两天,后面多两天。当然,这种"巴结"员工的做法受到大家的普遍欢迎。

是的,我们应该收收脚步,不再冒进,回忆一下我们的"初心"是什么?

当然,对管理(对于员工来说则是"创新",那么,也就是"管理创新")的思考需要谆谆善诱。不然,公司释放的这种善意举措就很可能会被人们曲解或者恶意解读。

解码第八:明出地,机遇是勇者的锐器。

䷢ 晋:明出地上,君子以自昭明德。

【白话】《象辞》说:阳光从地面上升起,象征着前进和昌盛,也象征着发出自己的光和热。所以,君子应该充分显示自己的才华和美德，发挥自己的作用。

如果创造了一套鼓励人们畅所欲言的管理系统，让他们追求自己的嗜好，将精英智慧替代为同事智慧，基本没有官僚陷阱，那么就会有很多感谢我们的人（包括我们自己）。

互联网的飞速发展，让我们的这套管理系统的实现成为可能。当然，互联网的飞速发展也得益于它是人类能力的倍增器，它让我们大家喜欢做的事情变得容易。

晋卦告诫我们：要充分发挥每个人的作用。

管理者不应远离最看得见未来的一线员工的意见，而应当鼓励人们的质疑行为。当我们有了互联网的帮助，就能建立网络的社会体系——公开、扁平、适应性、没有等级——作为它的管理体系。没有体系和教条的约束，一般员工就能成为我们创新中最大胆、最有想法的人——他们可能并不是现在正身居管理流程的人。当然，这里的"互联网"泛指"互联网思维"的方式。

但是，一个新的问题出现了——其实，这个问题一直就困扰着我们，只是有了互联网导致这个问题更加的突出和明显——信息越多，问题越多！

一旦信息增长的速度过快，而我们处理信息的能力尚且不足，情况就很危险。过去40年的人类历史表明，把信息转变为有用的知识可能还需要很长的时间，一不小心,我们就有可能倒退回去。[1]难怪《连线》的前主编克里斯·安德森呼吁人们要警惕大数据——数量庞大的数据会使人们不再需要理论,甚至不再需要科学的方法!

最近我们参与投资了一个互动娱乐项目,不管是商业计划、销售数据、运营情况,还是团队情况、发展战略,都堪称优秀。它充分调动了公司员工的积极性,让员工有充分的发展空间,并让员工共享企业发展的成果。每一天企业的CEO都要直接处理大量来自公司内部和外部市场的信息,这位CEO的精力堪称"异于常人"——这一点也是我们看好这个项目的一个很重要的因素。

可是,投后不久,我们就发现这位CEO是个"绝对权威"。并不是说绝对权威不好,而是说在这个信息高速增长的时代,绝对权威有不少的局限和弊病。因为一旦我们否认数据处理过程中存在着主观因素,失败的概率就会增加。当然,避免这个情况的发生我们可以提高数据和分析的质量,但是,这首先要对我们自身提出更高的要求。

在这个信息爆炸的互联网时代里,我们拥有的信息太多,但有用的却寥寥无几。我们主观地、有选择地看待信息,但对信息的曲解却关注不够。我们以为自己需要信息,但其实我们真正需要的是知识。

[1]【美】纳特·希尔弗.《信号与噪声》[M].

4. 持和者明

管理(特别是管理的变革)难免遭人非议,经营多少会有争讼。正所谓:心中有事事难做,恰是二人争路走,雨下俱是要占先,谁肯让谁走一步。不过,管理的"讼"道在于慎争戒讼、慎重戒惧,以中和为贵。因此,及至蒙受巨大患难之时,管理的"明夷"之道的态度是明而晦,就是遵时养晦、坚守正道、外愚内慧,而不是硬性对抗。

解码第九:和为中,始预则立。

☰☵ 讼:天与水违行,君子以做事谋始。

【白话】《象辞》说:坎(水)下乾(天)上,为天在水上之表象。天从东向西转动,江河百川之水从西向东流,天与水是逆向相背而行的,象征着人们由于意见不合而打官司。所以,君子在做事前要深谋远虑,从开始就要消除可能引起争端的因素。

在今天的社会,"意见不同"是件太正常不过的事情了。我们常常被束缚在管理现状中的那些难以说清并且大多数未经检验的信念中,我们是这些信念的囚徒,也是这些教条和先例中被监禁的犯人。可是,更可怕的是我

讼卦劝诫我们：以中和为贵。

我们争讼，并不是我们什么都不懂，而是因为我们拥有"丰富的旧技术"，因此我们不会拥抱"新技术"。这就像鱼不能想象水以外的世界一样，我们大多数人不能想象自己没有经历过的管理实践，甚至我们的语言也成了信念的囚徒——我们很难想象无法用语言来描述的东西。

出卖自己的时间而不是自己的产品、根据时钟保持工作节奏、在精确规定的间隔吃喝睡、花费无尽的时间重复同样而琐碎的工作，这些都不是人类的本性。因此，或许人们需要在适应现代工场要求的同时，更深刻地转变价值观，发掘可以让我们共享的"信仰"。

很少有管理实践是基于自然规律的。反省一下现代工业将农民、小商贩和女佣改良成顺从员工的方式，管理者们一直在与根植于人类行为中的本性斗争，但是没有一项限制超过人类思维的限制。限制了管理的幅度和范围的并不是人类的本性，而是我们未经检验的理念。

怀疑和谦逊，是优秀管理者的重要品质，但是还不够。我们还需要包容和问对问题。

我们可能或说："我已经很包容了，都听他把话说完了。"可是，我们只是"听他把话听完了"而已，而实际上我们却在后面的行为上明确地"拒绝"了。

至于问对问题,这不仅是口才和技巧的问题,更是收揽人心说服人的重要事情。一个问题的问法会影响它的结果,以下是"问对问题"的几个情景小技巧:

【情景1】想要让对方讲出某个答案

小技巧:把答案藏在问题里。

【情景2】请求帮忙时,常常被拒绝

小技巧:先称赞对方,再提出要求。

【情景3】想要对别人说No,又不想伤感情

小技巧:先假装赞同,再用问题拒绝。

【情景4】表决为什么常常不通过

小技巧:反过来问,结果差很多。

【情景5】好想要听对方说真话

小技巧:投影法、两段式提问

【情景6】面对死缠烂打或拖拖拉拉的人

小技巧:反问法、限制法、丢铜板

问对问题不仅能够极大地提高我们的工作效能,而且更能降低人们对我们的抵触心理和情绪,进而在不知不觉中达到"和为贵"的氛围和目的。

当然,技巧仅仅是技巧,是"治标"的手段,真正的"中和"(也就是"治本")还是要靠提高我们每个人自身的内在修为。

解码第十：明入地，用晦则明。

☷ 明夷：明入地中，君子以莅众，用晦而明。

【白话】《象辞》说：离（火）下坤（地）上，为光明入地下之表象，象征着"光明被阻"。君子要能够遵循这个道理去管理民众，即有意不表露自己的才能和智慧，反而能在不知不觉中使民众得到治理。

如果我们站在主流之中，就不可能看见未来。对于管理者来说，这是多么残酷的领悟，却又是屡屡被历史验证的事实。

明夷卦提醒我们：做服务型领导，组织好多样化力量。

20世纪最具预见力的管理思想家玛丽·帕克·福莱特说：领导最重要的工作是创造更多的领导。她还在《创造性的经验》一书中指出：对于有争议的问题，最好的解决办法不是强制实行单一的方案而放弃其他所有的备选，而是争取整合所有相关部门不同观点的高层次解决方案。

在今天的互联网市场环境下，当公司的决策还是由权威抉择而忽视集体智慧时，公司通常会因此支付沉重的"忽视税负"[1]。但是，当高层管理人员谦逊一点点，自

[1]【美】加里·哈默在《管理的未来》一书中讲到"为什么那么多的执行者不愿意运用集体的智慧"的因素，因此忽视集体智慧而产生的额外成本，称它为"忽视税负"，即忽视集体智慧而产生的额外成本。

下而上的知识汇总就增加很多,这可以实质性地减少公司需要支付的"忽视税负"。

当有互联网思维开展管理工作——在互联网的世界里,吸引力和影响力是领导力的产物,而不是权力指派的结果。也就是说,公司应该让权力流动起来,就是可以顺畅地流向善于提高附加值的领导者,而远离那些不能增加价值的人。

传统观点认为,成功人士往往都是性格外向的人,因为他们很容易与人建立关系、善于推销自己、擅长发表引人入胜的推介演讲,此外,在面对面的场合通常也能驾轻就熟地表现出亲密的姿态。因此,在公司里这帮性格外向的人负责"业务上的事情",岗位通常是"台前"的高管、营销人员、销售人员等"关键重要岗位"。

不过,随着互联网驱动的变化以前所未有的速度演进,一度被安置在"幕后"的那些性格内向的人,现在则占据了重要位置,并可自行完成与外界直接沟通的工作,他们或已不再需要性格外向的人担任"中间人"了。

性格内向的人包括工程师、作家、艺术家等负责创新工作。在更倚重数据驱动企业发展的今天,高管、营销人员越来越像工程师,他们的工作主要是处理数据——而这一点恰是性格内向的人的拿手好戏。

事实上,大部分成就非凡的企业家——比如史蒂夫·乔布斯、比尔·盖茨、马克·扎克伯格及其同僚——

都是彻头彻尾的内向型人物。

　　看清楚了上面这一点，暂时还"居高位"的公司高管，应该学会调整自己的姿态和管理手段，谨守"明夷"之道，遵时养晦、外愚内慧，重视企业中性格内向的创新者和员工。

5．正义者聚

物以类聚，人以群分。

人与人之间若能以正道和睦相处，管理才能破除私心、避免偏见，才能求大同存小异以企业为先。不过，管理的"同人"之道并非要求千人一面、丧失原则和个性，而是推己及人，与人为善，广泛团结一切可以团结的人。

要做到这一点，首先需要一个有威望的团队领袖，精通管理的"师"道，既能够严明纪律，又懂随机应变机动灵活。当然，这个团队要聚君子远小人，同人类聚打天下。

解码十一：正义师，得民心者得天下。

䷆ 师：地中有水，君子以容民畜众。

【白话】《象辞》说：坎（水）下坤（地）上，是地中有水之表象。地中蕴藏聚集了大量的水，取之不尽，用之不竭，象征兵源充足。君子要像地中藏水一样容纳天下百姓，养育众人，这样就会有众多的士兵可用。

在现实中，管理者倾向于"近亲繁殖"——也就是那些围绕在他们周围的往往与他们的生活经历相似的人群。公司管理中的"近亲繁殖"最大的优点就是知根知底、志同道合、执行力强，而最明显的缺点则是滋生官僚和腐败、创新能力和市场适应能力下降。

师卦告诫我们：要容纳差异性。

任何一个系统中，差异性决定了它的适应能力。越大的差异——思想、技术、态度、能力等——等于越大范围的适应性。

在快速变化的当今世界，危险的是公司过于适应一个特定的生态定位。如果公司聘用单一类型的员工、狭小的创新努力范畴、过于依赖单一的业务模式或无法试验新的经营方式，都会削弱公司的适应能力。随着变革的加剧，投资差异性不再华而不实，而是生存战略。

我们看过太多以"做大"为发展指导思想的公司，最终吞食了以"做强"为标签的公司——如东方航空（股票代码：600115）兼并了上海航空，新开普（股票代码：300248）收购了上海树维信息……

差异性不仅仅是肤色的深浅和性别的不同，真正重要的是人们生活经历的综合。2006年夏天，IBM公司发起了一个在线的"创新脑力大激荡"活动，邀请了超过10万的个体参加，包括客户、外部咨询师、员工家属等。他们加入这个活动就有机会参加关于未来的运输、健康、环境、金融、贸易等方面的脑力激荡讨论会。IBM为讨论会提供视频片段、虚拟考察和背景信息。虽然这不完全是

"开源"的战略创造方式,但创新脑力大激荡活动还是为IBM带来了内部无法产生的差异性观点。就这个意义而言,相比公司常用的战略制定流程,脑力大激荡确实是与众不同。

而在2014年夏天,SW公司启动校园大招聘人才储备计划,20多年来第一次破天荒地大规模向大学应届毕业生提供岗位。一直以来,SW公司主营的校园信息化都是需要一定工作经验的人,才能为企业带来价值,也正是基于这点认识,SW及其竞争对手一直以来都在争抢有经验的员工。

SW公司的新高管层发现了这一现象,并对它引起的创新乏力的弊病进行了深刻反省和研究。于是,在酝酿了半年之久后,决定大规模招聘应届毕业生,并制订计划在这些毕业生中三年内逐渐淘汰掉2/3,同时,每年补充对应数量的应届毕业生。这样做的目的主要有几个:一是保证公司有足够的新鲜血液、足够的差异性;二是年轻人的激情唤醒老员工的创新热情和急迫感;三是希望能够成为行业人才的培养中心,这些经历过SW公司培训的人也将为行业其他公司带去SW企业精神,为"和同"创造条件、营造氛围。

解码十二:类人聚,和同与人和世界。

☲ 同人:天与火,君子以类族辨物。

【白话】《象辞》说：离（为）下乾（天）上，为天下有火之表象。天在高处，火势熊熊而上，天与火亲和相处。君子要明白物以类聚、人以群分的道理，明辨事物、求同存异、团结众人以治理天下。

让风险资本家、创业家、工程师、消费者等不同角色的社会分离度低，才能够隔着谈判桌近距离地打量。因此，要能在适当的时候，将适当的资源配置给适当地人（群），就能创造出惊人的结果以及未来。

同人卦劝勉我们：要恰当地调配资源。

其实，我们都知道市场最能解决高度复杂的配置问题。当市场发挥作用时，没有企业可以永远滥用社会资源。

美国一个人口超过800万的大都市纽约，在任何时间，其食物供应量都不足三天。在某种意义上，纽约城几乎可以说是处于饥荒状态的。纽约市长可以委派一名市场大臣，确保始终掌握充足的食物供应，但是这显然是一个愚蠢的主意。纽约人不会饿死——拜市场的多样性和有效性所赐，蔬菜、肉、饮料以及其他更多食物市场，能及时对饭店、街边零售以及普通商店的需求做出反应[1]……

---

[1]【美】加里·哈默，比尔·布林.《管理的未来》[M].

管理者实在当向市场学习——市场发挥作用时，资源才不会被滥用——因为公司资源有限，市场资源配置的灵活性恰能弥补这个局限，让人才、资金、机会得到最佳应用。

当从"同人"领受启发，在企业内部创造一种"同人"环境——开放式的"创新市场"。因为市场在资源配置方面显然优于层级制度。层级制度擅长应用资源——制订计划、安排活动顺序、在截止时间之前上场，但是它们在资源配置方面——或者更具体说，在将旧战略方案的资源重新配置给新的战略方案时——是拙劣的。

一旦在公司内部建立了开放式的"创新市场"，然后我们要做的工作就是等待。

SW公司曾经建立过一个类"创新市场"，它让人们看起来好像"乱哄哄"的，但是如果我们深入去研究它，就能发现其中的奥妙——高效的售前服务、高效的产品信息反馈、高效的售后服务，以及高效的市场反应能力。我们能够看到，近二十年来，SW公司的最佳资源总是聚集在最有价值的项目和事情上，或许这正是作为一个传统的IT公司能够二十年在市场上屹立不倒的根本原因吧。

不过，市场是不关心政治，也没有感情可言的。没有一个理性的人会迫使大众将大量的资源注入业绩不佳的资产和项目中。相反，高层经理则往往有固守现状的执着。于是，当公司站在前沿而主要投资决策却由思想僵化的守卫者做出时，公司就处于危险境地。

　　于是，SW公司和其他公司一样，不得不在本来应该"等待"的工作中，忙碌于拨正"同人"的水平。这一点，恰恰要求高层管理者能够明辨事物、求同存异、团结众人，这又需要高层管理者能够安抚亲近、审时度势。

6. 知艰者全

在这个浮躁的世界，虽然有互联网和智能终端的无孔不入，人与人之间的关系却好像变得越来越疏远。这给今天的管理带来新的挑战——如何让人们相互依存、密切无间？管理的"比"道告诉我们，就是要以相亲相辅、宽宏无私、精诚团结的心和行动相互辅弼。

及至"大获所有"（这是一个管理者值得赞美的愿望）的时候，人们却容易昏昏、忘乎所以。因此，管理的"大有"之道强调居有思无、居富思艰，而后能知艰慎行，审时度势，保全大有。

如果说"同人"的团结是造势（创造出一定的条件，以符合"同人"卦势，以此达到和同的目的），那么，"比"的团结就是借势（利用周遭有利条件，达到精诚团结的目的）。此外，还有一种用势方法，就是顺势。《解码十四》管理的"大有"之道所用的方法就是顺势——以审时度势，达到保全大有的目的。

当然，这里的所谓的造势、借势和顺势，都只是本文解码《易经》的时候，个人所采用的其中一种"简单粗暴"的方法和工具而已。

解码十三：比翼飞，君子以信称义。

☷☵ 比：地上有水，先王以建万国，亲诸侯。

【白话】《象辞》说：坤（地）下坎（水）上，象征地上有水。大地上百川争流，流水又浸润着大地，表明地与水亲密无间，互相依存。以前的历代君主明白这个道理，所以分封土地，建立万国，安抚亲近各地诸侯。

团结一致可以产生非同寻常的力量，同时，也只有与志同道合的人联合在一起，团结才会成功。可是，团结一致本身却是一个比较空洞的概念——因为团结是以彼此之间的信任为基础的，如果没有信任，那么就不可能有真正的团结。

比卦告诉我们：确实要"我把你当自己人"。

正如我们所知，很多公司标准管理方式是将信息保密制度作为控制员工的手段，但是这种做法对于构建相互信任极其不利。实际上，"比"告诉我们的是，公司管理高层管理者要对员工有极大的信任，对员工充分授权，相信员工能够采取有利于公司的行动。

向大家介绍一种管理哲学——"无秘密"管理哲学。例如，公司向每位员工公开薪酬状况——这要求管理者在薪水方面必须做到完全公正不搞偏袒和特殊待遇——这样就能使得"薪酬"真正发挥公司管理的导向作用，员工可以清楚地看到哪些工作、哪类员工可以获得最丰厚的薪水回报。

当然,"无秘密"管理哲学还体现在经营数据、财务数据等方面的公开和透明,这样员工就能通过分析这些数据制定订货、定价策略、营销策略等,从而为公司获得更大利润。

从事互联网教育的DP公司是我参与投资的一家年轻的、富有激情和活力的公司,公司的核心骨干都有过世界财富500强工作经验,同时,也有大量的应届毕业生(本科生和研究生)以及工作两三年的年轻人。外面的人进入公司,会发现这是一家温馨的公司、可信赖的公司、靠谱的互联网公司。在当今互联网热炒的时代,虽然涌现出"万众创业"的景象,但实在是良莠不齐,对于一个投资人来说,明显感觉到"好项目"难遇——这关键是"好团队"难得。DP公司则让人感觉是一个既有"好项目"又有"好团队"的创业企业。

虽然现在DP公司的规模还小,但是在上海却已经有不小的影响力了。这跟团队的价值观有密切的关系:

员工承诺做事,而不是根据安排做事——每个员工都在周末承诺下周要完成的重点工作,而不是一周日程安排。

研究生院般的公司——有过世界财富500强十年以上工作经验的人,每周开展形式多样的学习、培训、讨论、分析等活动。

充分扁平化,彻底分权——何人都可以就任何事向公司任何职位的人提出质疑,同时,所谓的"职务最低"的人(包括新进公司的员工)都有权在自己职责范围内调动公司所有资源(包括调动董事长和总经理)。

共享自己的声音——头衔只是给外部人员看的,所有人都得为自由沟通增值。

个人努力与个人成就之间密切关联——根据个人兴趣和公司事业需求分成若干个小团队,同时,执行期权激励制度。

……

DP公司的这种内部透明和持续的同事之间的反馈模式,保证了公司与众不同和创新、创业精神。DP公司的管理层明白,当不同的人做同样的事时,扁平组织相对容易运行。

其实,DP公司的这种做法正合了管理的"比"道。难怪DP的总经理经常告诫员工要以诚面对客户、以诚面对产品。这种"诚"并不是虚言的,而是真正把客户、产品、同事当成"自己人"对待,团结内外(同事和客户),成就客户的愿望,成就我们的事业。

解码十四:知艰辛,君子审时度势。

☰ 大有:火在天上,君子以遏恶扬善,顺天休命。

【白话】《象辞》说：乾（天）下离（火）上，为火在天上之表象。火焰高悬于天上，象征太阳照耀万物，世界一片光明，农业大丰收，"大有收获"。君子在这个时候要阻止邪恶，颂扬一切善行，顺应天命，替天行道，以保护万物性命。

在如今这个"动荡"的世界里，需要人们能够不断地适应，而适应需要对命运的理解——使命感。使命感是我们前进的目标，是使得我们能够在周围一切发生变化时用以定位的北极星，是我们创建具有适应能力的公司所需要的关键规则。

大有卦告诉我们：必须拥有激发个体不断升级的使命。

金钱可以激励一部分人，但是当贪欲超过更有意义的目标时，这样做是危险的。没有一个有意义的目标，在追求个人收益过程中就无法抵御超越道德界限的诱惑；没有一种使命感，公司管理者或其他员工都可能成为唯利是图的小人。管理，应该努力使事物变得比现在更好。

对于今天在这里、明天却不知道在哪里的短暂的生命世界，要发现一些值得自我提升的事物并不容易，但是可能性还是存在的。美敦力员工发现了使人们恢复健康的意义，谷歌人为知识的民主化而狂欢，而全食公司的同仁则为他们的健康营养食品而庆贺。此外，在我身边的真实故事里，有PT公司的团队正在努力将严肃的生活趣味化。

这个被投资人估值超过8个亿的"小公司"（工商注册成立时间仅为一年，总共不超过60名员工），因为他们找到了一条关乎"使命"的发展之路，在距公司正式成立不到三个月的时间里，已让第一款手机互动二次元游戏成功占领95后、00后最畅销游戏榜首。也正因为突破了一直被"大咖"占领的前十游戏阵地，它的估值一路飙升。

在这个生命周期极其短暂的游戏市场里，PT人获得了巨大的成功。他们本可以就此收手，可是，他们有更宏伟的目标——虚拟现实二次元道具、虚拟现实公园……

为了这些宏伟的目标，PT人居安思危，"圈养"起了一批游戏作家，让原本"居无定所"的他们有固定工资领用、安心游戏创造。为此，PT公司不仅能够获得源源不断的游戏产品，而且PT公司也从千万个普通的游戏公司之一变成了游戏发布、运营平台——或许，这才是那些完全理性的、没有情感的投资人给出天价估值的真实原因所在。

PT公司的经验再一次印证了管理的"大有"之道——如果一个创业/创新团队存在一个吸引人的信仰契约（一个真正值得为之投入的重要意义），信仰就会激发变革。

7. 知畜者乐

管理是施管理方和受管理方双方的事情。受管理方对施管理方有期盼是件非常好事情,但是应该注意到事物的发展过程中小助大、阴扶阳的道理。管理是个慢过程,需要时间积蓄力量,不会急就速成。

当然,有了期盼的等待是快乐的,而快乐在管理的过程中是可取的、有益于组织发展的。不过,管理的"豫"道提醒我们,"乐"应当适中,不可穷欢极乐。当乐在提高本领、强加自身,而人们欢聚在一起,也增进同事间的友谊。

解码十五:知聚止,小助大而蓄力量。

☰ 小畜:风行天上,君子以懿文德。

【白话】《象辞》说:乾(天)下巽(风)上,是风飘行天上的表象。风在天上吹,密云不雨,气候不好不坏,收成一般,所以只能"小有积蓄"。君子面对这种情况,于是修养美好的品德,用心做好文章等待发达的时机。

在当今这个变动的时代,只有很好地应对现实,我们才有可能在市场上占领先机取得胜利。也只有很好地应对组织内部的现实问题,才有可能将团队优势转化成先进的生产力。也就是只有很好地应对管理变革问题,才有可能建设一个好的团队。

可是,当我们回头看看组织内部沉闷的景象,突然发现自己和公司都是在"一日和尚撞一天钟"地度日——保持现状就能保持"温饱"——人人都求安稳,人人都在抵触新事物。

小畜卦启发我们:当准备好变革之心。

马克·库班出生在美国匹兹堡市,曾经在印第安纳大学打过四年的橄榄球,毕业后一直在俱乐部打球。在他至今为止的商业生涯中,有两件重要事件:一是1983年创立了计算机咨询公司(Micro Solutions),并在网络经济最繁荣的时候(1990年)转卖给了美国最大的在线服务公司,成为亿万富翁;二是在2000年初购买了NBA达拉斯小牛队,自此之后小牛队发生了彻头彻尾的变化,小牛队迅速崛起、蒸蒸日上。

不管是转卖公司还是购买小牛队,马克·库班都是成功的商业行为。不过,他倒是一直在公开场合告诉人们,他不过是在征服失败——

关于时机:经济衰退期间是创建企业的最佳时机。公司纷纷倒闭,其他企业也按兵不动、静观其变。如果你

这时候着手准备并起而行动，那么，这就是你给自己投资、创建企业的最佳时机。　　　　——AskMen访谈

关于屡败屡战：我学到的经验是，你失败多少次并不重要。只需成功一次就够了。我卖过奶粉。我在大部分的时间里都是个傻瓜，但我会从中学习。

——Smart Business访谈

关于愈挫愈勇：失败确实痛苦不堪，我再也不想经历一次了。我会吸取教训，不过，我还会把对失败的痛恨当作激励自己的动力。对失败的恐惧是我的最大激励因素。　　　　　　　　　——Newsmakers访谈

关于终成正果：有多少次功亏一篑并不重要，没人知道也没有人在乎你的失败，你自己也不应该在乎。你要做的就是从失败中学习，向周边的人学习，因为在商界，最重要的就是你要成功一次。过后，每个人都会对你说你有多么走运。

——《如何决胜体育界：如果我能，你也能》

关于公司失败的真正原因：原因并不在于艰难的环境，也不在于态度。公司之所以失败，是因为缺乏现金或者缺乏态度。公司之所以失败，是因为缺乏头脑和努力。　　　　　　　　　　　　　——Inc.访谈

在公司处于一种"温饱"状态的时候，其实也是公司管理的拐点——走向繁荣，或者走向衰败。库班在不

同的时间不同的环境下，做出的是两种截然不同的选择——转卖和购买。同样，我的老东家KS公司也在不同的时间（20世纪90年代末、2012年和2015年）和市场环境下做出了选择——转卖、购买再转卖。

库班和KS公司都是成功的——按照库班"在商界，最重要的是你要成功一次"的衡量标准。这正是"小畜"的管理之道，也是库班和KS公司在重大商业事件中的成功之道。

解码十六：懂快乐，提本领而增友谊。

☰☷ 豫：雷出地奋，先王以作乐崇德，殷荐之上帝，以配祖考。

【白话】《象辞》说：坤（地）下震（雷）上，为地上响雷之表象。雷在地上轰鸣，使大地振奋起来，这就是大自然愉快高兴的表现。上古圣明的君主，根据大自然欢乐愉快时雷鸣地震的情景创造了音乐，并用音乐来崇尚推广伟大的功德。他们以盛大隆重的仪礼，把音乐献给天帝，并用它来祭祀自己的祖先。

显而易见，我们确实是通过管理改变人们的行为的——现代管理的实践也确实证明了这一点。

从改变人们行为的角度来说，与其给他们一堆分析数据以改变他们的思维，倒不如让他们看到事情的真相，并进而影响他们的感受。约翰·科特[1]指出,思维和感受都是必要的,实际上,在大多数取得成功的组织当中,这二者是并存的,但组织变革的关键还是在于改变人们的情感。

豫卦也启示我们:当以真情感召人。

我们已经知道核心技术对于公司的重要意义,但是,技术没有道德性,技术只有目的性,关键看我们如何利用和引导。

这几年看了不少项目,也跟不少投资人有过非常多的交流与合作,在谈到决定给一个初期项目投资(主要是天使轮和Pre-A轮),几乎所有人都异口同声地说:主要看团队。

有些项目一看就Pass掉了,有些项目则会让我们很纠结,有不少项目会让人眼睛一亮立马就在心里面决定投资。

这是为什么呢?难道是因为他们的商业计划特别的好(或特别的差)?还是他们的产品特别有优势(或者劣势)?又或是他们的商业模式有独特之处(或者满是漏洞)?还是他们长得特别帅美(或者不堪入目)?

残酷的事实是——有的人长得给人感觉特别"帅

---

[1] 约翰·科特,哈佛商学院松下幸之助领导学讲座教授,剑桥科特学院创办人兼校长。1980年,年仅33岁的科特就成为哈佛大学终身教授。

美"，有的人则确实是"不堪入目"！不过，这里说的
"长"跟我们一般意义上的"长"不完全是一回事。

德国哲学家海德格尔说过，我们对技术的工具性规
定只抓住了技术的"正确的东西"，但却没有抓住技术的
"真实的东西"也即技术的本质；而要抓住技术的本质，
我们就必须"通过正确的东西来寻找真实的东西"。正
确，就是有助于建立和发现关联的技术方法。真实，就是
企业一直想搞清楚的消费者洞察。

如今，互联网已经不只是一种媒体，不只是一种销
售、传播渠道，也就不只是一种技术。互联网是一种生活
方式。作为一种生活方式的互联网，它改变了并改变着
我们的行为和心理，当然，也就改变了和改变着作为消费
者的我们的基本消费行为和心理。

互联网实际上是赋予了我们所有人（既包括企业，也
包括消费者）极大的权力和便利性。互联网时代，所有
的企业都强调以人为本。而所谓以人为本，就是人的需
求以及人如何行动的决策流程。

这是一切商业的基础。[1]

所以，这些投资人的"以貌取人"的做法是可取的。
一个充满感情、满怀热情、怀揣激情的公司和团队，才体

---

[1]《只有知道消费者如何买，企业才能知道如何卖》[J].商学院.
2014.11.

现得出是以人为本的公司和团队,这才是商业的基础。当然,那些商业计划书、模式创新、产品创新、技术创新等,都是在这个"商业基础"上发展、成熟起来的。

有了情感的产品、技术、模式,以及公司团队,商业世界才有了更多可能、更多想象、更多空间⋯⋯

8. 谦和者夷

管理是一门实践科学,管理的行为要合乎"礼"。也就是说,管理既要遵守社会秩序的政治制度和道德规范,也要注意和,以和为贵。管理双方都应当审慎自律,行为做事合乎法度,胸怀坦荡,不急躁鲁莽、贪功冒进。

要使管理行为合乎礼,谦虚的品质必不可少。只有为人谦虚谨慎,才能善始善终。同时,也只有谦虚的人才能保全企业的发展成长,即使处于危险境地,也能化险为夷,有忧无险。

解码十七：合礼行,君子审慎自律。

☰ 履:上天下泽,君子以辨上下,定民志。

【白话】《象辞》说:兑(泽)下乾(天)上,为天下有泽之表象。上有天,下有泽,说明要处处小心行动,如行在沼泽之上,一不注意就会陷下去。君子要深明大义,分清上下尊卑名分,坚定百姓的意志,遵循礼仪而行,必然秩序井然。

对于已成立的公司来说,更现实的问题不在于创意枯竭,而是管理流程与实践的"惯性"——他们更青睐墨守成规，而不是开拓创新。

虽然，今天的市场环境异常复杂多变，迫切需要重塑管理流程以适应这种变化，以跟上市场的节拍获得新的利润增长点和持续盈利能力，但是，这并不是要放弃旧的管理流程，而是用新的流程来对其进行补充，使经理们更富有探索性，更能在新旧业务中找到平衡。

履卦喻示我们：应当关注平衡。

有人说，管理学是建立在资源稀缺性原理和投资收益规律基础之上研究"企业黑箱"运作的科学。我们将知识的无限性、投资收益规律以及人本原理作为企业管理的指导思想。这些指导思想的核心是平衡，诸如外部的资源与环境的平衡、内部的目标与发展的平衡，企业产供销、人财物的平衡等。

平衡是指实现组织与环境之间、组织系统各要素之间以及组织行为决策的相互约束和相互协调。应当说，管理理论和管理实践中时时处处体现着管理的平衡思想。

在企业管理的诸多经典理论宝库中，我们可以发现，企业处于一种扩张与约束、收益与损失、激励与控制、权利与义务、投入与产出、授权与监督等的平衡状态之中。要保持这种平衡状态，企业及其管理者的平衡思想、平衡艺术和平衡操作是至关重要的。

在现实的企业管理中，组织面临着日益复杂的外部环境和更加灵活柔性的内部环境。一个优秀的管理者，更应该于时于地、于情于景、灵活地运用好"平衡管理"思想，扮演好多面手和平衡家的角色。

员工雇佣与民主——为适应信息化时代瞬间万变的市场环境，现代企业管理模式应强调下放权力、发扬民主，而不是把员工当作工具。比如，在现代企业目标管理中，员工既是目标制定的参与者，又是目标实施的执行者。

下属控制与激励——管理不仅仅是"控制"，更重要的是"指导与激励"。经理如果能做好控制与激励的平衡工作，就有可能开创企业的新局面，带来更高的管理效率与效益。

内部与外部顾客——在以市场为导向的现代企业管理中，如果忽略了"顾客关系的协调管理"，就会失去现代企业与顾客之间的"平衡"，这也就意味着丧失现有的市场。企业内部与外部顾客的平衡已上升为企业管理核心内容。因为企业的命运在顾客手中，顾客是企业利润的最终决定者，这是现代企业进行市场竞争的根本法则。

公司治理、责任与权利——需要一个控制与平衡的标准，就是让权利与责任对称起来：加强企业的内部治理，形成一个由经营者、股东大会、董事会、监事会、独立董事及外部董事组成的相对完整的监督和制衡体系；设计、制定用于激励与约束经营层的制度，如股票期权，以保证公司利益与经营者利益相一致。

目标和发展——在目标管理中,有两个至关重要的"平衡":一是发展目标或计划在时间和空间上的平衡;二是执行计划中的综合平衡。目标管理是一个动态的过程,目标应根据执行情况和环境变化进行调整、修改,以保证管理工作的协调和平衡。同时,企业在确立自己的经营发展战略时,要做好风险和收益的平衡,关键是企业能否根据现有资源和能力做到平衡,稳健发展。

平衡管理是企业在生产过程中对一系列活动及行为的平衡和协调,它对于企业的稳定运营和健康发展有着极为重要的意义。企业应以市场为导向,以顾客需求为服务宗旨,以技术创新为后盾,致力于将企业组成一个系统、一个整体,达到与其环境的平衡。

蕴于管理"履"道的平衡管理是企业内部化和外部化的整合,它致力于协调各种内外部关系,充分利用各种资源,用科学的理论方法及先进的技术工具指导管理实践。

解码十八:为人谦,君子善始善终。

䷎ 谦:地中有山,君子以裒多益寡,称物平施。

【白话】《象辞》说:艮(山)下坤(地)上,为高山隐藏于地中之表象,象征高才美德隐藏于心中而不外露。

君子总是损多益少，衡量各种事物，然后取长补短，使其平均。

在互联网时代的今天，人人都是人才，人人都有所长，这本是件好事情。可是，不知从何时起，这种尊重"人才"的风气却刮出来了一股歪风邪气——骄傲自夸。

谦卦提醒我们：谦虚成就领导力。

来做个"谦虚"测试吧——

我们谦虚吗？

1. 有人谈起他获得成就或得到荣誉的经历，我通常会——

a. 打断他的话，用自己更令人钦佩的经历使之相形见绌。

b. 不说什么，但用自己的形体语言传达一种信息：他的经历没有什么了不起。

c. 表现出兴趣并提出问题。

2. 当上司到来时，我通常会——

a. 极力好好表现，即使这意味着贪他人之功。

b. 一有机会就提及我为公司所做的工作。

c. 指出他人的贡献，同时让我自己的行动说话。

3. 当同事在我自以为擅长的领域里取得某种成就时，我通常会——

a. 对他的成就挑毛病，然后努力把大家的注意力转向我自己。

b. 对他的成绩视而不见。

c. 对他表示祝贺，并确保其他人都知道他的成就。

4. 如果我讨厌的同事未能干成某件事，我通常会——

a. 考虑他的失败可如何让我受益。

b. 向别人漠然地提及这次失败。

c. 寻找机会对他给予肯定。

5. 当我意识到自己的一个弱点和缺陷时，我通常会——

a. 想想可能是谁造成了这一弱点。

b. 根本不想它。

c. 采取行动日后改正该弱点。

每道题的答案a为0分，答案b为1分，答案c为2分。你获得的分数越高，恭喜你！你正在通往真正谦虚的道路上……

当然，如果换一种角度解读上面的测试，也可以称它为"骄傲"测试。

谦虚领导力的一个表现是把下属当作"同伴"看待。放弃职位高就可以对下属颐指气使的念想，以一种和下属、同事平起平坐、共同带动组织前进的姿态相处，大家就会感受到我们的谦虚品质。

纽可钢铁公司的前CEO艾弗森就是这样一位谦虚

的领导者。在艾弗森到任之前，纽可的员工一直统一佩戴以颜色区分职位高低的安全帽，艾弗森认为如果相信这种以炫耀权力为目的的安全帽的力量的话，干脆全都染成黄金色的好了。他相信只有珍惜每一位员工，把他们视为"同伴"，才能激发起他们的工作献身精神。因此把所有人的安全帽不论职位大小一律换成了白色。

德高望重又虚怀若谷的谦虚美德不就是从这种精神中产生的吗？管理的"谦"道又一次警醒我们：骄傲是人类的宿敌，如果不战胜它，就会毁了我们自己。

9. 正否者泰

天道无情,泰极则否,否极则泰。

从卦图来看,"泰"卦下乾上坤,"否"卦下坤上乾,这跟我国传统观念的尊卑次序完全相悖的,这就是《易经》,它不把这种秩序看成固定不变的。所以,管理的"泰"之道就在于不管我们身处什么样的环境,只要行得正、立得端,就能逢凶化吉;管理的"否"之道喻示在顺应事物发展客观规律的前提下,通过自身主观能动性的发挥,就能促进事态转向良好的一面。

解码十九:天地交,偶遇创新价值。

䷊ 泰:天地交,后以载成天地之道,辅相天地之宜,以左右民。

【白话】《象辞》说:乾(天)下坤(地)上,地气上升乾气下降,为地气居于乾气之上之表象,阴阳二气一升一降,互相交合,顺畅通达。君主这时要掌握时机,善于裁节调理,以成就天地交合之道,促成天地化生万物之机宜,护佑天下百姓,使他们安居乐业。

与城市大街上生活的有趣和活力相比,公司生活为什么显得如此单调和乏味？或许是时候让我们去发现是什么使得大城市生活如此充满活力和诱惑了。

不同背景、不同性格、不同专业的人在一起会有更多的差异性，而众人在一起的多样性和差异性能够产生一个组织的创新激情增加的可能。为把这种可能变成现实，则要在公司里创造出更多让人们"偶遇"的机会，让人们的想象力和独创性点燃创造的热情。

泰卦建议我们：要创造更多的偶遇机会。

管理者应该多一点心思在创建公司卓越的"人文环境"上，同时，引导人们将各自的差异性转化成行动，并去寻找异质和特殊、怪诞和疯狂、多彩和奇异。

这里有三条用来增加能带来创新价值偶遇概率的建议：[1]

第一条偶遇建议——最大化不同类别的人相遇的可能性，即通过创建一个场所，使得具有不同需求和目的的人们可以相遇。SW公司在门前摆放了一张高脚小桌，人们可以围在那里休憩、闲聊；门口则设置了咖啡桌和凳子，人们可以围坐短聊；更重要的是这两处摆放都围绕着厕所，这样更增加了差异性偶遇的机会。

第二条偶遇建议——增加A点到B点的路线机会，

---

[1] 总结拓展自【美】简·雅各布斯《美国大城市的死与生》增加城市偶遇机会的三条建议。

即设计出更短的通道和更多的十字路口。增加短期团队（也可以是兴趣小组、足球俱乐部等形式）的使用，使得个体在不同团队流动。

第三条偶遇建议——职能部门和员工团队的间隔必须密集，即不同职能、不同年龄、不同功能的员工应该尽可能地集中在一个空间里。包括SW公司在内的许多IT和创意、创业公司更喜欢大开间办公，以此改善由于专业化导致的偶遇机会较少的问题。

作为一个管理者，我们必须确保这种社区柔性和员工成长的偶遇机会，它们不仅是创建适应性组织的核心，也是那些冒险者以单个个体或职能部门无法给予的方式探索自己才能极限的关键。

如果我们把企业和大学做个比较，就会很容易发现百年以上的大学比比皆是，而百年的企业则凤毛麟角。我们都读过大学，经历和体验告诉我们：在大学里面的人们有足够多的"偶遇"机会，大家（老师、学生、教工等）可以利用课堂、实验室、图书馆、体育馆、活动室、演讲、实习、俱乐部、学生会、各种各样的社团、学术论坛、研讨会、结伴旅行等这些偶遇机会相互交流、相互切磋，共同成长。

有了足够的偶遇机会，人们就能最大限度地发挥其创造力。对于一个公司来说，这要求有一个正式的创意管理系统。当然，如果员工们的积极性都很高，而且对公司有强烈的认同感,也能达到同样的目的。不过,我们已经知道增加偶遇机会,就是帮助提升员工积极性和认同感的重要手段之一。

解码二十：天地错,耐心成就梦想。

☷ 否：天地不交,君子以俭德辟难,不可荣以禄。

【白话】《象辞》说：坤（地）下乾（天）上,为天在地上之表象。天在极高之处,地在极低之处,天地阴阳之间因而不能互相交合,所以时世闭塞不通。君子必须坚持勤俭节约的美德,以避开危险与灾难,不能谋取高官及丰厚的俸禄去追求荣华富贵。

我们都知道,与基于旧创意的渐进变革相比,新创意无法负担同样的管理成本,无法满足同样的风险限制,无法实现同样的短期回报……

否卦让我们记住：保持耐心。

从公司治理的角度来看,中国企业现在面临的最大问题就是急躁。发展得快,消亡也快。如果对企业的短命进行检讨,许多倒下的企业不外乎大的决策失误,盲目投资、盲目扩张,也有很多企业并不爱惜羽毛,出现企业社会责任方面的问题,比如瘦弱精、毒奶粉、苏丹红等,还有各种造假。

此外,今天的世界已经开启了"多屏"模式。"现实世界"与"网络世界"的边界正在消失,迅猛的变化和过载的信息正在吞噬我们的生活,让我们焦虑万分。

同时,无法在一定时间内用传统数据库工具对其内容进行抓取、管理和处理的数据集合——即所谓的"大数据",被按照数据作用的方式,分为了交易数据[1]和交互数据[2]。这种"简单粗暴"的数据处理技术和办法,虽然给我们带来了很多的"信号",但是也同时给人们传达了"噪声"、带来了困惑。[3]

面对新形势带来的这些焦虑和困惑,否卦的管理之道建议我们要保持耐心、持守美德。这道理说起来容易,可是当到了企业生死存亡的时刻,有几个人还能忍耐和持守? 或许,这就是为什么《易经》把这卦取名"否"的原因所在吧——之于一般的人实在难为。

不过,DP公司在重重经济诱惑面前忍耐和持守着,坚持了这难耐难为难守难持的管理否道。

我们已经明确地知道,未来十年基于互联网(特别是

---

[1] 交易数据:指来自电子商务和企业应用的数据,包括ERP、企业对企业(B2B)、企业对个人(B2C)、个人对个人(C2C)、团购等系统。

[2] 交互数据:指来自相互作用的社交网络的数据,包括社交媒体交互(人为生成交互)和机器交互(设备生成交互)的新型数据。

[3] 纳特·西尔弗在《信号与噪声》一书中指出:"我们可以观察对手的行为,从中找到一些蛛丝马迹,但是我们看不到他的牌。更新、更好的信息会不断出现,所以,只有时刻更新预测才能最大限度地利用有限的信息。"同时,他还说:"因为害怕出丑而不对预测进行更改,这其实才是懦弱的表现。"

基于智能终端的移动互联网）的大教育和大医疗领域是发展重点。各种各样的数据也显示，在这短短的两年，互联网教育、互动娱乐以及基于云技术的医疗可穿戴设备等项目如雨后春笋般出现和发展，与此同时，倒闭关门的公司也达到前所未有的数量级。

深究这些短命公司之所以短命的原因，就是缺乏耐力和持守。也就是说，这些短命公司倒闭的真实原因不在于艰难的环境，也不在于态度，而是因为缺乏现金或者缺乏态度，也就是因为缺乏头脑和努力。

正因为DP教育科技公司的创业团队看到了这一问题的实质，一方面他们努力做强主业，不忘初心，深耕教育，三年来把基于教学标准的课堂评价系统做到极致，深受学校、学生、家长、教育管理者和教育研究者的欢迎和认可，为今后大规模、"病毒式"复制和传播打下了坚实的基础，同时，也树立起了行业标杆和行业门槛。另一方面，三年来DP公司拒绝了种种经济诱惑，达到维持公司日常开销的费用之后，不接受巨额回报的非主营性项目收入，保持一份创业精神，持守一份事业心。

这就是否卦的管理之道。虽然艰辛，虽然痛苦，但是忍耐才是强者的自信，但是持守才是事业的快乐。

10. 贵下者治

随卦和蛊卦不仅向管理者喻示,更向每一个人喻示(而且喻示得更多)管理的秘密。管理不是目的,它是到达目标的手段。所以,我们是通过管理改变人们的行为,让人们的行为更利于朝着达成目标方向前行,从而改善大家的生活。

今天,我们知道了管理改变人们行为的两种路径和模式(即:目睹—感受—变革,思考—理念—变革),但是不管哪一种路径和模式都是通过激发人(要么激发情绪,要么激发理性)来实现的。所以,随卦和蛊卦向我们每个人喻示了这种管理玄机:顺从规律,贵者下问贱者,激发人的情绪和思考,顺势改变人们,从而彻底实现管理的变革。

随卦和蛊卦互错,并在编排上将随卦放在了蛊卦前面,蛊卦放在第一篇的最后面,这么做的目的有两个:一是管理者根据顺应随道顺从规律,而后确定管理的原则、标准和要求,当受蛊惑而生弊乱和管理障碍的时候,可以遵章依规进行彻清和变革;二是以陈述随卦的管理思想总结第一篇管理之道(即顺从规律),再用蛊卦的管理之道延伸到第二篇管理之法(即变革与创新)。

解码二十一：随从善，贵者下问贱者。

☱☳ 随：泽中有雷，君子以向晦入宴息。

【白话】《象辞》说：震（雷）下兑（泽）上，为泽中有雷之表象，象征随从。君子行事要遵从合适的作息时间，白天出外辛劳工作，夜晚就回家睡觉休息。

管理从一出现以来就是主动的，这里有两层意思：一是人们主动开展管理活动——这一点大家都已经非常清楚了；二是通过"被管理"触发人们自身的主动性——这一点好像并不是所有人都清楚。

其实，通过管理触发人们的主动性才是管理的目的。这是要改变别人的行为——改变自己已经很难，而这是在改变别人——这是一件系统而且艰巨的事情。

随卦的劝勉是：顺从规律。

现代管理是一门科学，当然讲究遵从自然规律。

虽然如此，管理学作为一门学科的诞生，却是在1954年11月以彼得·德鲁克《管理的实践》一书出版为标志的。在这之前，管理似乎只是少数天才能做的事，凡人是无法做到的。德鲁克在这本《管理的实践》中，把管理比喻成一种器官，是赋予机构以生命、能动、动态的器官。同时，他还在书中指出了管理的本质：管理是一种实践，其本质不在于知，而在于行；其验证不在于逻辑，而在于成果；其唯一权威就是成就。他还把管理诠释为管理使命、承担责任和勇于实践。在他看来，管理当局只有在它进行工作时才有职权，而并没有什么所谓的权力。他也指出，管理既要眼睛向外，关心它的使命及组织成；又要眼睛朝内，注视那些使个人取得成就的结构、价值观和人际关系。由于企业的目的是创造顾客，任何企业有且仅有两项基本职能——营销和创新。**管理的终极之善则是改变他人的生活。**

感谢德鲁克梳理出来了的这些管理规律，让我们能够手捧阅读、有章可循，而不至于非得由高耗成本的"少数天才"来管理大多数的平凡公司和平庸企业。

当然，管理是一门"综合艺术"——"综合"是因为管理涉及基本原理、自我认知、智慧和领导力，"艺术"是因为管理是实践和应用。从德鲁克的角度理解和诠释管理，不难发现管理的核心就是：责任——管理者的责任、员工的责任、企业的责任。这里的"责任"即是"善"，就是管理的随道，就是规律。

在当今互联网的大时代里，还真有些规律可以归纳和诠释：[1]

二者其一：互联网可以是业务，也可以是载体，但无

---

[1] 这里列举的11条规律综合自【美】艾·里斯、劳拉·里斯的《互联网商规11条》。

法两者兼得。

互动：没有它,你的网站和品牌将一无是处。

通用名称：通用名称是互联网品牌的死亡之吻。

独特名称：你的名称在互联网上独立存在,因此你最好取个好名字。

唯一：要不惜代价设法避免成为品类中的第二位。

广告：线下的广告将比线上的广告更多。

全球性：互联网将打破所有的障碍、所有的边界和国界。

时间：立即行动,行动要快,要做第一个,要聚焦。

自负：在所有的错误中,最大的错误就是相信自己能做任何事情。

分化：人人都在谈融合,但发生的事实却恰恰相反。

转变：互联网革命将会改变我们生活的各个方面。

这里列举的11条所谓的"定律",实际上是要帮助大家认清复杂的互联网商业形势,并帮助大家抓住一些规律,然后分析自己的实际情况,给自己和企业一个恰当的定位,随从善顺规律,打造一个属于我们大家的商业品牌。

解码二十二：蛊不惑,彻清致蛊之由。

☲ 蛊：山下有风,君子以振民育德。

【白话】《象辞》说：巽(风)下艮(山)上,为山下起大风之表象，象征救弊治乱、拨乱反正。君子要救济人民、培育美德、纠正时弊。

管理，在很大程度上，就是"革"我们自己的"命"。它不仅是管理者的事，更是我们每一个人自己的事。

管理者是管理这服药的"药引"，最终发挥"药效"的是组织内部的每一个具体的人（包括老板、管理者、员工等）。所以，在管理涉及的全过程中，我们每一个人都应该反思自己是否是一位反管理者——即管理障碍。

蛊卦劝勉人们：必须改变。

在组织管理的面前，每个人都面临着"必须改变"这样的问题。只是，有的人主动改变、推动改变、领导改变，另外的人则是被动改变、缓慢改变、被迫改变。

事实上，在很多情况下，我们都可以通过一些创造性的解决方案来消除那些管理障碍，甚至将其转化为更加积极的因素。但是，对于任何一个组织和机构来说，要想在组织变革中取得真正的成功，首要条件就是改变组织当中人们的行为。

在当今瞬息万变的世界经济领域，企业领导者每天都必须面对变革的挑战和机遇，面对危机与成就的战略选择。所谓的企业家精神，其本质就在于持续创新与领导变革。能够永葆变革活力并不断推动企业成长进步的企业家、领导和管理者正是经济社会最宝贵的稀缺资源。

他们的基本特征是保持始终如一的创新激情和勇于面对现实真相的胆略,把变革的目标聚焦在群体的行为上,心无旁骛,知行合一。

德鲁克说:"变革是永恒的。"人性与实践是变革能否成功的最重要因素。因此,企业变革要形神于道,道法自然,形神于德,厚德载物。而改变人们行为的一个重要方式就是改变他们的感受,即使在那些非常注重分析和量化评估的组织当中也是如此。恰如约翰·P·科特在《变革之心》中论述的观点,"目睹—感受—变革"的过程,要远比"分析—思考—变革"的流程更为有力。

当我从DP教育科技公司刚转任到SW科技公司的时候,还有许多的不习惯——商业模式不同、产品不同、客户不同、公司规模不同、同事间处事方式不同……总结成一句话:企业文化不同。SW公司面临的市场前景是广阔和充满想象的,可是,就是如此大规模的公司和如此广阔的市场前景,那时候的SW年净利润却是惊人低下——

因为有了一定的规模,造成公司还没到达大公司的产值却满身大公司的弊病。因为在市场上占有先发优势,造成产品研发部门满足于现有产品架构,研发进程缓慢。因为有着足够多的老客户,造成销售人员啃老单吃老本就能做出看似不错的销售业绩来。因为大家都说这一行当市场前景广阔,几乎所有人都在做一个白日梦:只要保持现状,有朝一日就能飞黄腾达……

　　终于，新上任的董事长来了，在了解了公司情况之后，制定了一系列的改变措施。其中一项，就是把我这个充满热血和激情的毛头小子从DP公司调任过来，并任命于重要岗位和委以重担。紧接着大刀阔斧的公司改革逐项开始了。一年后，SW公司业绩直线上升，公司估值数亿……

　　文化决定观念，观念决定心态，心态决定行为，行为决定习惯，习惯决定未来。文化观念起源于感受，员工最重要的原动力来自对企业的感受，来自企业对他们的关注和他们对企业价值观的认同。要在不断推动企业变革的过程中，培养员工变革的观念和习惯，满足员工的事业成就愿望，并进而建立起员工对企业的高度忠诚。

　　之后，待机而动……

第二篇 心润有法

望·法

　　一套规则体系和原理原则，是实现价值观的指导方针和思路，可因事物内在规律的变化而变化，可通过对长期实践的思考和归纳总结而得出来。

11. 待机而动

临物居上,以感化、温和与忧民的手段施德治,以躬亲、明智和敦厚的品行践人治。晦迹潜光,以因时制宜、灵活运用退避策略,等待时机,扭转形势。

管理方法和手段当因时而用、因地而用、因人而用——处"临"卦势,积极进取,有所作为;陷"遁"之中,暂时退避,待机而动。

解码二十三:临物居上。

䷒ 临:泽上有地,君子以教思无穷,容保民无疆。

【白话】《象辞》说:兑(泽)下坤(地)上,为地在泽上之表象,象征督导。君子由此受到启发,费尽心思地教导人民,并以其无边无际的盛德保护人民。

"引进新秩序"是件非常危险的事情,因为推行它们的人把所有受益于旧秩序的人都变成了他的敌人。只有当人们有了深切的体验之后,他们才会真正相信新事物。这就是为什么创新者总能遇到窘境的症结所在。

临卦引导我们:互动见真情。

在人类发展的历史上,出现过书籍、报刊、广播、电视和互联网这么五种传媒方式,而互联网是这些大众媒体中唯一允许真正意义上的互动的传播媒体。从长期来看,互动性会区分出什么能够在互联网上运作,什么不能。

创新者要走出那些管理的窘境、创新的困境乃至产品和商业的危机,最好的办法就是进行互动,应用互联网的特性进行有效互动。这里说的互动,既是对公司外部的也是对公司内部的。

互动性是一种从菜单选择的能力。

互动性是能发出指示其按照我们的要求提供信息。

互动性是在对象(客户、员工)原始寻找的基础上提供额外的信息和帮助。

互动性是能让对象(客户、员工)增加个人信息(意见、建议和反馈),最佳的互动是双通道的。

互动性包括分析各种症状、矛盾、分歧,并给出对策、解决方案、谅解的能力。

······

临卦的管理法则就是以感化、温和与忧民的手段和以躬亲、明智和敦厚的品行,进行管理互动。在互动中启发员工的思考,在互动中教导员工,在互动中感化员工;同时,在互动中使公司和产品进入顾客的心里,更加了解顾客,更加契合顾客。

在这个方面，DP教育公司和PT游戏公司都是做得很不错的，做出自己的互动特色，并成功地将各自的品牌形象打入了顾客的心中。

DP公司针对语文教学内容，一方面根据教材编写组的要求，做到"基于课程标准"，保证了产品的权威性和导向性；另一方面尽量契合不同年龄、不同老师和个性化教学的需求，深入学校、班级和学生，以及家庭、家长和政府教育主管部门，将内容模块化、展现形式更加友善和亲切、获取方式更加便捷和便宜、操作更加简单和人性。此外，DP公司非常重视线下互动，规定全公司上下（包括董事长和总经理）都深入学校、班级、家庭、政府主管部门和教育研究机构，在互动中不断提升自身职业素养、不断升级产品质量。

在PT游戏公司，则要求公司所有的成员（包括董事长和总经理）都必须是有一定深度的游戏玩家，并且是在一定的游戏领域里的"意见领袖"。也就是说，PT公司的每一个人就是一个"游戏领导人"，都有自己相对应的"游戏粉丝"人数。他们的CEO就是一个骨灰级的玩家，不管工作和生活多么繁忙，每天都要保证2小时以上的游戏时间。

解码二十四：晦迹潜光。

☷☶ 遁：天下有山，君子以远小人，不恶而严。

【白话】《象辞》说：艮（山）下乾（天）上，为天下有山之表象，象征着隐让退避。因为山有多高，天就有多高，似乎山在逼天，而天在步步后退，但天无论怎样后退避让，却始终高踞在山之上。君子应同小人保持一定的距离，以傲然不可侵犯的态度截然划清彼此的界限，这样一来，就自然而然会生出一种震慑住小人的威严来。

在现实的世界中，商业品类中的第二总有它的生存空间，这不是对产品的需要，而是平衡的需要。可是，在互联网世界中，顾客和品牌之间什么也没有，没有中间人，没有贸易商，没有房地产商，在这里没有平衡的需要——这就是比尔·盖茨所谓的"无摩擦的资本主义"，所以在互联网上第二是没有位置的。

在互联网上，垄断就是规则。网上没有第二品牌生存的空间。互联网运作更像是电脑软件行业那样，每一类业务都几乎由某一特定品牌主导。随着一些网站和移动APP的发展壮大，它们会吸引更多的用户，随着吸引用户的增多，它们就变得越来越有钱和有用，进而吸引更多的用户，这就能产生"赢家通吃"的状况。

那么，被忘却的"第二"还有希望吗？我们这些可怜的后来者能怎么办？

遁卦指导我们：冷静观察。

少即是多。被忘却的第二品牌和后来者的最好的战略思考方式是首先要冷静地观察一下我们所处的境况。

不可能就是不可能。如果想要迎头赶上像亚马逊这样的第一品牌是不可能的,那么,我们就必须试试另外一种不同的途径——必须率先进入一个新品类。我们通过学习艾·里斯和劳拉·里斯父女合著的《互联网商规11条》和实践案例,已经知道:通过聚焦和吸引一个细分市场,我们总有机会率先进入一个新品类。

在建立一个互联网品牌的时候,应该首先考虑品类,然后再考虑品牌。因为顾客最初并不会对公司、品牌,甚至是什么网址感兴趣,大家最感兴趣的是品类。所以,如果我们还不是所在品类中的主导品牌,也不要灰心,马上将我们打造品牌所做的努力换一个方向,马上聚焦。只要聚焦,我们就有机会创造一个强大的品牌。互联网是一个巨大的载体,可供聚焦的机会也是众多的。

回顾PT游戏公司这设立的短短一年时间之所以能够获得几何数量级的估值体量的成长,细细看来也就是因为聚焦。大家都知道,经过这些年的互联网游戏、互动娱乐、手机游戏的发展,这是一个"红海"市场,而且每一各不同的游戏领域都有一个领袖品牌和企业。正因为看到了这一点,PT公司的创始人从下面几个方面进行了聚焦:互联网、互动娱乐、二次元、游戏控、宅男宅女、九五后和零零后、军事战争控、情欲控……因此,找准了自己的品类,然后,快速进入。在短短一年的时间里,通过聚焦与互联网游戏市场领先者竞争并取得成功。在这场一开始就"不公平"的市场竞争中，要明白一点：我们并不需要全线产品来获得成功。

当然，当有一天网络（互联网、移动互联网、物联网等）足够成熟了，一定会有第二品牌的发展机遇。在那一天到来之前，我们仍需要在自己所属的品类中占据领先地位，或者缩小焦点寻找机会，创立一个我们能够占据领先地位的全新的互联网品类。

12．瞻德正行

企业管理,尤其是危机中的企业管理,是极其个人化的事情。当经历了风风雨雨之后,我们这一群人的组合才能成长为一家真正的企业。

观瞻盛德事物,可以感化人心。大而壮者能正,才能有益于天地万物。观卦和大壮卦所揭示的管理之道是关于管理和管理人员品德的两个方面:一方面,莫让管理成为冰冷的教条,而要有更多的人文关怀,并能时刻反省管理的得失,从而扬其得正其失。另一方面,强势的管理者必须正其行为,感化人心以利其事。

解码二十五:观瞻盛德。

☴☷ 观:风行地上,先王以省方,观民设教。

【白话】《象辞》说:坤(地)下巽(风)上,为风吹拂于地上而遍及万物之表象,象征瞻仰。先代君王仿效风吹拂于地而遍及万物的精神,视察四方,留心民风民俗,用教育来感化民众。

互联网、大数据、云计算、物联网、O2O、P2P、TNT……今天所有诸如此类的新竞争、新技术、新体验、新模式、新融合、新规则，时刻提醒着我们这个社会的根本性剧变正在席卷着整个经济领域，它会带来剧烈的变动，它会影响到整个国家的法律制度、社会形势和人民的生活方式。

公司的管理层必须善于在这纷乱的世界产品竞争市场中突出自己的优势，而每一个员工实际上都必须和世界各地的同行业其他企业的员工们为生存而展开竞争，这就是今天的最大战略转折。

观卦提醒我们：适应形势变化。

在这个互联网的新时代，既有赢家也有输家。同时，从广义上来说，一个公司的成败取决于其适应变化的能力。战略转折点为我们提供了机会也带来了威胁，正是在这样发生根本性变化的时刻，"要么生存，要么灭亡"显得那么有深意。

可是，我们要如何才能发现上面提到的这个如此重要的"战略转折点"呢？英特尔公司前董事长和首席执行官安迪·格鲁夫为我们给出了建议：冰冻三尺非一日之寒，它们的直接诱因主要是竞争力量、技术作用、顾客作用、供应者作用、互助企业作用和规章的建立和清除——这些作用，即是格鲁夫所谓的"10倍速因素"。

懂得应用管理的观法的人，就是要有战略转折点的观念，留心企业内外，留意社会上出现的超级竞争、技术的进步和变革、用户习惯和观念的转变、上游供应商的变化、互补企业的影响以及运营规则的建立和废除等企业和市场内外的因素。

21世纪最大的趋势就是全球化。互联网将打破所有的障碍、所有的边界和国界,把世界变成一个庞大无比的购物中心。

CE科技公司是沪上一家从事床旁系统的初创企业,在它短短的一年多的成立时间里,获得了1.5亿人民币的投资估值,并成功募得3 000万元的天使投资,同时,它正和相关投资公司洽谈三个月后的3个亿的初步估值A轮融资。

CE公司的核心成员均来自韩国一家已经获得成功的床旁系统公司,两年前来到上海,并与两家沪上知名医疗机构合作床旁系统。在合作过程中,他们发现在上海推进该项服务的商业模式存在重大问题,于是,及时与医疗机构分道扬镳,成立了CE科技公司。

CE公司的商业模式与传统面向医院、病人的产品和服务的模式不同,它免费给每张病床安装智能终端,免费提供医疗资讯、娱乐、医患互动等方面的服务,同时还免费给院方提供大数据服务等。只是在病人康复出院之后,通过APP等手段帮助病人联系医生、管理慢病和院外治疗等服务,当然,这些服务是要收取一定费用的。它吸引投资人的独特之处就在于新的收费模式,它改变了传统医疗服务直接向医院、医生、病患自外向内(医院外到医院内)的收费模式,而是采取自内向外(从医院内到医院外）的收费方式。

这是一种适应变化的成功案例,这是反省管理得失的成功范例,这也是抓住战略转折点机遇避开危机的实例。当然,这就是管理的观之法则的具体展现。

解码二十六:大壮能正。

☳ 大壮:雷在天上,君子以非礼弗履。

【白话】《象辞》说:乾(天)下震(雷)上,为震雷响彻天上之表象,象征着十分强盛。君子应该严格要求自己,不要越出准则和规律去做非分之事。

前面遁卦的管理方法告诉"第二"和后来者要冷静观察,通过聚焦和吸引一个细分市场,找准机会率先进入一个新品类。那么,作为行业的领先者和在一个细分市场已经站稳脚跟的企业应该做些什么,才能保持领先优势或者扎稳脚步呢?

大壮卦让我们:警惕自负行为。

商业上的成功并不仅仅显示在利润栏上,也反映在收入栏上。商业上的成功会使高层管理者的自我意识膨胀。小有成就的公司其高层管理者相信他们能在更多的事情上获得成功,小有名气的公司其高层管理者相信他们能在大多数的事情上获得成功,而很成功的公司其高层管理者则相信他们无所不能。

可是，历史表明，这种类型的想法并不乐观。过分自信的管理者需要为过去几十年大部分的营销灾难负责。[1]一旦一家公司在一个领域成功了，它就会努力转向另一个领域，但是这经常不太会成功。

问题并不在产品本身，而在于心理。商业上最困难的问题就是试图改变顾客心目中已经存在的认知，一旦某个认知已经植入心中，几乎就很难再改变。也就是说，我们一旦在潜在顾客的心中代表了某些东西，这个认识就很难改变。

当管理者吹嘘自己时，往往是在自我毁灭。当我们努力去做所有的事情时，就会以什么事也做不成而告终。"既要……又要……还要……"只是出现在官方文件中的美丽故事，却是不可能完成的商业工作任务。

不过，任何人都想成长，这本身不应该得到责怪，只是我们或许应该在下面这个方面努力，保持领先地位或成功——

保持品牌聚焦。如今的市场上（特别是当出现互联网企业之后）的企业何止千万家，难道我们会愚蠢到想使我们的公司（品牌）代表一件以上的事物吗？

---

[1] 参见【美】艾·里斯，劳拉·里斯.《互联网商规11条》[M]定律9：自负定律。

增加市场份额。只有当企业主导所在业务市场的时候，才是企业考虑进入其他行业的时候。

扩展市场。领先者应该明确如何扩展自己的市场，知晓更大市场的许多好处将会流向公司。

全球化。思想常常停留在国界上，最成功的公司把世界看做自己的舞台。

主导品类。对于一个领导型的品牌，25%的市场份额应该是一个保守的目标。此外，在打造品牌时，没有什么比主导市场更重要。

不过，这里有个例外的例子。微软在主导了个人电脑操作系统业务之后，又进入了许多不同的领域，都用了微软这个名字。

好吧，我为什么不列举那些因自负行为而导致失败的公司呢？因为就算我把所有的例子都罗列出来大家几乎都不认识、都不会有太多的感触，因为它们不是微软。

因为领先地位改变了游戏规则，特别是像微软这样占主导地位的领先者，能够打破所有的定律并至今遥遥领先。

大壮卦让我们警惕管理的自负行为，它们将企业导向误区。在公司经营中的所有误区中，最大的误区就是不守大壮之法去相信自己能做任何事情。

13．恩威并施

　　管理，当然不只是教化，而是要刚柔相济，恩威并施。在运用教化、感化的怀柔手段的同时，还要严明组织机制、惩罚制度，并使组织内部有良好的运营秩序。但是，惩罚毕竟不是目的而是不得已的手段，不可滥用。因此，在施惩戒手段时，要学习"井"德，往来井井，给予人们真诚且确实的帮助。

解码二十七：惩治不良。

　　☲☳ 噬嗑：雷电，先王以明罚敕法。

　　【白话】《象辞》说：震（雷）下离（火）上，为雷电交击之表象。雷电交击，就像咬合一样；雷有威慑力，电能放光明。古代帝王效法这一现象，明其刑法，正其法令。

　　受益于移动计算技术，我们今天的日常生活所依赖的用品逐步变成软件。确实，我们已经感受到，移动通信能够改善大多数人的生活质量，尤其是那些生活在交通不便的偏远地区的人们。

　　中国作为全球手机消费大国，注定将在移动浪潮中受益良多。中国手机用户数超过10亿，占全球手机用户数的1/6，位列第一。同时，随着大数据的挖掘和技术的发展，中国目前正面临着一个重大的历史抉择。

一方面，现代历史上的历次技术革命，中国都是学习者，西方不少权威学者认为中文"防火墙"将消失，因为要加入全球软件市场，就必须在英语环境中采用西方的技术标准和先进技术。另一方面，在这次移动浪潮、云计算与大数据的新革命中，中国与世界的距离最小，在很多领域甚至还有着创新与领先的可能，中国很多政商和学者建议我们要以开放的心态、创新的勇气拥抱和抓住这个历史赋予中国的创新机会。

作为在这个商业社会经营企业的人们来说，我们是继续追随西方先进还是另辟蹊径？

噬嗑卦的建议是：坚持原则，取其精华。

随着移动计算技术的不断发展，促使软件逐渐取代实体产品和服务。它可以为大多数人提供一个全球通用的智能平台，而且它能激发无数新应用的产生，而这些新应用离不开每个人随身携带全球联网的电脑。

这个潜能将颠覆人们习以为常的行为，并影响消费者、企业、政府和全球经济的各个机构。它将在以下几个方向快速前行和促进经济社会发展：

纸张的消失。 "无纸化办公室"将会成为每个人的首选。

即时的娱乐。 在手机屏幕上，我们可以随时随地观看我们感兴趣的内容和互动娱乐。

智能的钱包。现金、信用卡和会员卡都将成为手机软件（通过电子货币等手段），而且形式各异。

无处不在的陈列室。有了移动智能技术，我们可以随时购买线上看到的物品。

超流动的社交网络。我们可以通过分析客户数据设计出一系列新的"人性化应用"，让企业和消费者建立更加互利和忠诚的关系。

全球可达的医疗。移动智能技术可以让偏远地区的人们得到及时的治疗，而且可以监控疫情的爆发。

全球普及的教育。移动计算技术可以将教育推广到以前从未覆盖的角落。

新兴世界的助推器。发展中国家借助移动基础设施而崛起，必将改变全球贸易和人力资源分布。

在DP公司有一项重要的产品和服务，就是被上海主流教育界叫做"基于课程标准的学生课堂行为评价系统"（简称"评价系统"）。只要对教育信息化市场有所了解的人，都应该知道在欧美国家中有款叫做ClassDojo的学生评价系统——老师为学生分配一个虚拟人物，随后在笔记本、平板电脑和智能手机上根据学生一天的表现来加分和扣分，利用这个信息系统可以追踪学生几天到一个学期的表现，而老师可以将最终结果提供给家长。

许多义务教育阶段的老师对于管理学生感到抓狂，而ClassDojo毫无疑问可以减少老师们在这方面的工作量，因此拥有庞大的潜在用户。在其推出短短的一年时间里，它已在全球超过30个国家吸引了350万老师和学生，产生了超过5 000万次以上的反馈。为此，该公司在完成测试后，即获得了160万美元的种子投资。

可是，ClassDojo在中国的表现平平，甚至遭到不少教育学者和专家的诟病，以及老师和学校的抵制。为什么一个在30几个国家广受欢迎的软件服务在中国如此"水土不服"呢？因为它没有像DP公司这样的"中国教育基因"。

前面已经简单介绍过，DP公司传承于中国首批IT公司KS公司的传统多媒体教育内容软件超过15年，正因为这十多年的技术和文化积淀与传承，DP公司它本身就代表着中国（以上海和长三角地区为代表）K12教育模式。因此，DP公司很快开发推出了自己的一套评价系统，而它更加契合中国的教育、中国的老师、中国的学生以及中国的家庭。

当然，互联网会把世界变成一个庞大无比的市场，我们接下来无法以更好的产品或服务胜出，我们需要的是一个更好的品牌。互联网上长久的赢家将是那些能够能超越国界的品牌。

不过，每个品牌，包括全球化的品牌都需要来源于某个地方，就是一个全球化的品牌也需要有一个本国的身份。以上这些正是噬嗑卦的经营管理秘密。

解码二十八：往来井井。

☴☵ 井：木上有水，君子以劳民劝相。

【白话】《象辞》说：巽（木）下坎（水）上，水分沿着树身向上运行直达树冠，为井水源源不断地被汲引到地面之表象，象征井水无穷无尽、孜孜不倦地养育着人们。君子应当效法这种美德，不辞劳苦地为大众谋福利，倡导助人为乐的社会风尚。

当人们冲向移动浪潮、世界迈向大数据时代的时候，社会也将经历类似的地壳运动。在改变人类基本的生活与思考方式的同时，移动互联网、云计算、大数据已经在推动着我们管理准则的重新定义。

如何驾驭这个时代浪潮，如何利用信息科技的力量，又如何在激烈的竞争中胜出和保持领先？

井卦的建议是：不忘初心，引领风尚。

不管我们的公司对软件感不感兴趣，软件都将影响我们的公司。移动智能技术将为常见的产品和服务创新形态，为物流创造新方法，还会创造新的伙伴关系、新的客户关系以及新的经济。

在这个基于互联网和软件的世界中，很多公司将因为采用了错误的"物理"定律而大错特错。基于软件的产品只会被开发者的想象力与软件互动的实体产品限制。很多提供实体产品和服务的公司会错误地试图在网络空间重塑这些实体产品,其实,我们必须通盘重新想象我们的产品、服务和业务。对于所有习惯于在实体世界运营的传统公司来说,挑战便是忘掉物理定律,并且"像一家软件公司一样思考问题"。

2013年底成立的QBT公司是一家从事情商教育的网络公司,由于其是国内第一家针对K12人群专门从事情商教育,并采取O2O的业务模式,在短短的一年多时间里,其公众微信号已经吸引了超过80万的粉丝。得益于丰富多彩的线下活动,这80万的粉丝中活跃粉丝比例相当高。也得益于线下活动,在第一年就实现盈亏平衡,并且预计2015年就能实现不错的盈利。

于是,在现实金钱利润的诱惑和未知风险的压力下,QBT公司主创人员开始有了些许的动摇——是安于每年小康收入,还是重回之前的未知未来的不稳定状态?

当人类学会利用生物能源的时候,便掀起了一场的农业革命;当人类学会利用化学能源的时候,便推动了一场工业革命;如今,"信息能源"正在使我们的经济运行产值更高且更有效率,或许它正在悄然促成一场信息革命。

如果按照井卦的经营管理密码的办法来的话,QBT公司或许应该放弃线下的诱惑,拥抱即将进入高峰的信息革命浪潮,那时候它的回报何止如今的百十倍?

14．适度而亨

　　为建立与维持组织的秩序,使用惩罚是不得已的管理手段,因此,人为的管理文饰应当恰当、有度,并且注重内涵实质。此外,恰当有度的管理文饰,更利于人们满怀希望冲破现实困境。虽然,遭遇困境不可避免,但是,如果我们能够善于思考、改进从善,只要方向对头、方法得当,就能走出困境,处困而亨。

　　善管理者应当不被外表迷惑,不因一时得失动摇,更不因虚荣而铺张,陷入繁琐,失去意义。当领悟一切的管理文饰都是空虚的道理,唯有重实质,有内涵的朴素面目(即回归管理的初心),才是管理文饰的最高境界。

　　解码二十九：文饰有度。

　　☲☶ 贲：山下有火,君子以明庶政,无敢折狱。

　　【白话】《象辞》说：离(火)下艮(山)上,为山下燃烧着火焰之表象。山下火焰把山上草木万物照得通明,如同披彩,这就叫装饰。君子像火焰一样,使众多的政务清明,但却不能用修饰的方法来断官司。

　　2015年7月31日,在马来西亚吉隆坡举行的国际奥委会第128次全会上，国际奥委会主席巴赫宣布：中国北京获得2022年第24届冬季奥林匹克运动会主办权。由此，北京也创造历史，成为第一个既举办过夏奥会又举办冬奥会的城市，中国也成为世界上第一个举办过夏季奥运会、冬季奥运会、残奥会、青年奥运会全满贯的奥运国家……

为什么那么多国家、企业痴迷于举办这些重大赛事、活动和创造纪录和历史呢？让我们看看这些重大活动能带来什么——

2022年北京和张家口冬奥会关于财政预算有两个数字：一个是赛事编制预算15.6亿美元，另一个是包括竞赛场馆和非竞赛场馆在内的场馆建设预算15.1亿美元——这15.1亿美元中，有65%来源于社会投资。此外，北京2022年的PM2.5年平均浓度预计要比2012年下降45%……

贲卦向我们坦言：梦想成就未来。

未来的7年，北京冬奥会带给我们的何止是30.7亿美元的经济发展机会？还有更多的是社会基础设施的改善、全民体育素质的提高、企业经营活动的活跃、空气质量的提高……

对的，这就是我们的中国梦，这伟大的梦想就是我们踏上圆梦路程的驱动力。

清晰的"梦想"对一个企业、一个团队同样是非常重要的,特别是在当今这个信息瞬变的世界,如果没有一个明确、清晰的"梦想路线图",很可能就让我们迷失在这片繁荣的信息森林里走不出来。

2014年底成立的WYT是我们投资的一家从事为物流行业中小企业提供银行贷款的金融服务平台,它的"梦想路线图"是非常清晰和明确的——2015年7月达成5家合作银行、服务100家物流企业、融资1个亿,企业融资估值达0.9亿(已实现);2015年底达成10家合作银行、服务1 000家物流企业、融资额超过10个亿,企业融资估值2.5亿;2016年、2017年……

同样,前面提到过的DP教育公司、PT游戏公司、SW信息公司、QBT情商教育公司……无一例外都有自己清晰的"梦想路线图",之后他们要做的就是努力地让自己的团队行进在这条"梦想路线"上。

不过,在这条梦想路线上难免会遇到挫折、困难、阻碍,贲卦的管理之法告诉领导者,要不断地、一遍一遍地让我们的梦想更加清晰、更加明确。当然,引发人们情绪波动的因素有很多,领导者在夯实梦想路线图的同时,更加注重人文等方面关怀,实施反省梦想路线图,莫让梦想成空谈。

其中有一些管理措施,如绩效考核、质量管理等,都是经过实践检验行之有效的管理手段,它们是在企业梦想路线行进中的"梦想交通工具"。

解码三十：处困而亨。

䷮ 困：泽无水，君子以致命遂志。

【白话】《象辞》说：坎（水）下兑（泽）上，为泽中无水之表象，象征困顿。君子身处穷困而不气馁，为实现自己的志向，不惜牺牲生命。

在今天这个瞬息万变的互联网时代，似乎大家都认同企业之间就是要比拼速度、比拼执行、比拼谁能更快更好地复制和翻版新潮产品或商业模式。在这片企业厮杀的红海里，人们奉行的生存法则是从竞争对手那里夺食，出路就是足够勇猛，以在惨烈的竞争中做到第一。

于是——

困卦给我们勉励：坚持就是胜利。

没错，在梦想的指引下，我们确实应该坚持、持守和持续。可是，坚持不同于顽固，持守不同于死盯，持续也不同于盲从，因为局限于此消彼长的零和游戏实在不怎么高明。我们应该学会"道生一"的智慧，通过创新突破困难，给人类带来更多可能性，创造新价值，让整个"蛋糕"变得更大——这才是困卦勉励我们的管理法则的真谛。

经济发展并不是一个零和游戏，不是说市场上有企业的发展速度超过GDP就一定会有其他企业受损。现实的情况是一种非零游戏，没有确定的开始和结束，玩家可以不断加入，新价值被不断创造出来，游戏因而可以不断延续。

走在行业领先位置的SW信息公司在2013年初找准了自己的市场地位，于是，结合公司的实际情况清晰、明确地向全体股东和员工描绘出了SW的梦想，并以此制定了"梦想路线"。由于大家有了一个共同的梦想，就能劲往一处使，虽然目标有宏大，但是SW人一步一步地在梦想路径上向目标靠近。

可是，到了2014年下半年，SW公司遇到了前所未有的困境——市场格局发生了重大动荡和变化，领先的市场地位被资本市场的搅局变得摇摇欲坠；有些骨干成员感觉到了前方巨大的风险和不确定性，因此看不到公司的前景和未来，进而选择了出逃……面对内忧外患，有些公司的高层也提出"赚点养家糊口的钱，就这样过一辈子算了"，而这一点SW公司完全能够做到。

不过，SW人最后还是选择了坚持。

坚持的路径有两条：一条是与超越者"血拼到底"，结果很可能会是两败俱伤；另一条是与超越者合作，一起做大"蛋糕"，然后从中获得最大利益。最后，SW公司选择了第二条路——一起做大"蛋糕"。

我们今天的"最佳方法"可能会把我们引入死胡同，而最佳途径是未经尝试的新路径。成功人士总能在意想不到的地方发现价值，他们遵循的是基本原则，而非秘籍。这才是困卦管理法则的全部奥秘。

15. 着眼基层

一个组织从荣而衰,归根到底主要还是由于内部的管理原因、自身的腐败——就算是那些外部市场的原因,最终也可以归结到"外因作用内因",内部管理不及时变革而导致衰败。

剥、夬二卦为我们揭示了荣而不衰的管理之道——重视基层基础,强化群众意识,用对人(人尽其才)、用对管理方针(物尽其用)以及用对管理方法(事尽其利)。

解码三十一:夯实基础。

☶ 剥:山附于地,上以厚下安宅。

【白话】《象辞》说:坤(地)下艮(山)上,好比高山受侵蚀而风化,逐渐接近于地面之表象,象征剥落。位居在上的人看到这一现象,应当加强基础,使它更加厚实,只有这样才能巩固其住所而不至发生危险。

对于这个要重视基层员工的管理观点,已经不是非常时髦的东西了,在这里不再赘述。而是从剥卦的卦象——山附于地,即高山受侵蚀而风化——得到管理的启示。从侵蚀到风化,是个漫长、持续、不间断的过程,这就好像是习惯的行为现象——侵蚀而风化，习惯成自然。

每个组织和公司都存在组织习惯——个人有习惯，组织有惯例。而我们所谓的"惯例"，是在组织（公司）层面和习惯类似的东西。

剥卦建议我们：聚焦基层惯性。

在宗教里面有叫禅修的有让顺服的，老子则用《道德经》劝勉大家的行为要合道、遵道、循道，庄周更是鼓励大家融入自然、成为自然的一部分。不管是禅修、顺服还是道和自然，之于我们每个个体来说就是个人习惯养成的问题，对于组织、团体和群体来说就是惯性的问题。

当一个公司聚焦习惯的改变时，整个公司都会发生变化。经典的案例有宝洁、星巴克、镁铝公司与塔吉特公司等，它们就是抓住了这个要点，进而影响整个公司的运作、员工之间的交流，甚至客户未察觉的情况下，影响到了人们的购物方式。

独裁专制在部落时期很难实现。部落领袖往往通过影响力而不是武力获得权力。在部落里，人们互相了解，而且当透明度是100%时，很容易组织反抗并联络所有成员。然而，大规模的文明进程改变了这个动态，有了城市、集中的财富和有组织的政府，统治阶级就获得了更大的控制权。一小部分人可以通过分化和孤立反对派来统治群众。一个政治机器可以拥有从上到下快速而清楚的沟通，以及明确的角色分工、激励机制和武器。

如今,社交网络发达,特别是移动互联浪潮的袭来,信息的流动不仅速度惊人而且非常精确。它可以绕过世界上所有新闻机构。如果图像、视频足够吸引人,信息的流动就会失去控制,从一个网络到另一个网络病毒式的传播。而且,如果信息确实无误,社会大脑就会决定采取行动。从而使群体行为、习惯得到改变、纠正。

《易》早就关注到了这一点,并进一步为我们揭示经营和管理的剥卦法则——聚焦基层,聚焦惯性,保持让这种群体的惯性符合天地自然之道的警惕性,并及时对发生离的惯性施行纠正,这样才不致发生危险。

解码三十二:依靠群众。

☰ 夬:泽上于天,君子以施禄及下,居德则忌。

【白话】《象辞》说:乾(天)下兑(泽)上,为湖水蒸发上天,即将化为雨倾注而下之表象,象征决断。君子从中得启迪:应该自觉地向下层民众广施恩德,否则如果高高在上,不施恩德,就会遭到忌恨。

杜克大学2006年发布的研究报告表明,人每天有40%的行为并不是真正由决定促成的,而是出于习惯。

今天"互联网+"引发前所未有的热议,表明政府部门和各行各业对互联网的看法已有很大变化,已给予互联网以特别的关注,中央政府也倡导和鼓励"全民创新、万众创业"，一大批民众（特别是有创新梦想和创业激情的青年）被调动了起来，中华大地一股新风吹遍——这新风，其实质就是一种全民族的新习惯。

夬卦提醒我们：注意群众习惯。

一项有关心理数学的研究表明，当答案取平均值后，一大群独立的个人可以非常准确地估计出数字价值和预测出结果。早在1907年，当英国人弗兰西·高尔顿试图证明一大群受教育水平低的人是不能做出正确的判断时，结果却令他尴尬。他在一个县的集市上问了超过800个人，让他们估算一头牛的重量。答案五花八门，有高有低，还有很多完全不切实际。但是，所有答案的中间值却非常接近正确的重量，而且准确度超过了他找来的少数专家的估算。

在群众智慧的理念里，尽管参与者中没有专家，但是每个人将一点点信息贡献给同一个问题。过高估计和过低估计互相平衡，结果得到一个可靠的解决方案。在今天这个移动互联社会，通过社交网络，我们甚至不用具体提什么问题，不需要参与者回答，就能快速汇总群众智慧——通过人们自愿输入的用户信息统计资料，以及来自人们"喜欢"的网页、签到场所、曾经响应过的邀请活动等。

另一方面，在对企业内部来说，夬卦的这个管理法则就是：在企业初创时就要重视员工习惯、打好发展基础。

公司创始人在共同创业前应有深厚的交情,公司的每个人都需要和谐共处。我们已经知道,在商业上,为自己工作能保证团结。

我们需要能与自己和睦相处的人共事,也需要规章制度来帮助所有人长期保持团结。也就是要处理好所有权、经营权和控制权的问题。典型的初创公司将所有权分配给创始人、员工和投资者。经营公司的管理人员和员工享有经营权。董事会通常由创始人和投资者组成,行使控制权。

我们已经知道,对全职人员应该给予适当的报酬。也就是说高薪奖励不是王道,而是要薪酬数额适度。任何用现金支付的薪资都关乎现在,而股票报酬才能让员工全力以赴。虽然股票不是激励员工的最佳方法,却是创始人使公司保持团结一致的最好方法。

16. 回归初心

　　贤士求遇明君,这只是贤士的手段,以便发挥自己的才智作用才是贤士的目的。同样,我们使用管理,也只是我们的手段,而以便发挥每一个的才智才是我们的目的。

　　当回归管理的初心,让管理者和被管理者相互需要,相互支持,关系平衡——管理者和被管理者本来就是动态变换着的角色而已,现在不是有很多人提出"管理老板"这一类的话题来了吗? 若能将管理做到这样,必能一扫组织萧瑟凋零之象,再生勃机。

　　解码三十三:再发生机。

　　䷗ 复:雷在地中,先王以至日闭关,商旅不行,后不省方。

　　【白话】《象辞》说:震(雷)下坤(地)上,为雷在地中、阳气微弱地活动之表象,象征复归。从前的君主在阳气初生的冬至这一天关闭关口,使商人旅客停止活动,不外出经商、旅行,君主自己也不巡行视察四方。

　　在创业和公司发展过程中实在有太多的障碍、困难、挫折、误导和诱惑,我们难免忍不住欲为改变创业初衷,难免会陷入鼠目寸光的困局。于是,尚还有一丝清醒的我们,希望从那些卓越的成功者(如赫赫大名的比尔·盖茨和乔布斯等)中获得可照搬的做法。

不过,彼得·蒂尔[1]在他的《从0到1——开启商业与未来的秘密》一书中开篇即明确而肯定地警告大家:商业的每一刻都不会重演。

复卦告诫我们: 不忘初心。

生命是我们这个地球上最具适应能力的。虽然生命不可预测,不可预期,无法为将来准备,但是生命能够适应,并且仍然在适应着。生命的适应能力基于高度复杂的生物化学过程,但是它的进化"流程"的设计规则却相对简单:变异和选择。

事实上,现代社会的大多数人应该都听说过:没有计划的进步就叫"演化"。达尔文写道:生命就算没有准备,也会自己"演化"。每个生命都只是某些有机体随机变异的结果,而最佳版本会在最后胜出。达尔文主义在其他环境中也许是个有用的理论,但是对于初创公司,最有效的还是富有智慧的设计。

每位伟大的企业家都首先是一位设计师,而乔布斯最好的设计是他的企业——他很早就意识到只有对未来

---

[1] 彼得·蒂尔,被誉为硅谷的天使,投资界的思想家,Paypal创始人、Facebook第一位外部投资者。

精确地规划,才可以改变整个世界,而非倾听焦点小组的意见或是复制其他人的成功——这正是他和苹果公司的"初心"。

在当今人人看未来都觉得迷茫的世界里,目标明确的企业总是被低估。我们必须重新找回明确的乐观道路,而对我们中国这个对未来明确的悲观主义者来说,在为未来提前做好准备的时候,必须来一场创新创业的大变革。虽然我们错过了蒸汽时代的激情,错过了近代工业革命的先机,甚至也弄丢了计算机革命的第一波浪潮,但是只要我们能够找回"初心",就一定能成为大数据时代的主角和移动浪潮的先导——这是这个时代给予中国的后发机遇,如此,才能把我们悲观未来之路变得乐观。当然,如果要让这条未来之路变得平坦些,基于网络的服务整合的第四次工业革命(即工业4.0)的创新潜力的发挥,这绝对是我们未来发展的关键。

复卦的经营管理观告诉我们:初创企业是我们可以明确掌握尽最大努力的机会。事实上,我们不止拥有自己生命的代理权,还拥有这世界上某个重要角落的代理权。

解码三十四:合理守正。

䷫ 姤:天下有风,后以施命诰四方。

【白话】《象辞》说:巽(风)下乾(天)上,为天底下刮着风,风吹遍天地间各个角落,与万物相依之表象,象征相遇。正如风吹拂大地的情形一样,君王应颁布政令通告四面八方。

历史经验告诉我们,一旦某个行业成为政府要务,整个产业就会被扭曲。此外,"公益创业"的经验也曾是风靡一时的风潮,也是一种失败的经验——这种行善的经商之道源于认为营利企业和非营利组织截然相反的想法:企业有很大的影响力,但受获利动机的控制;非营利组织追求公共利益,却是更大经济体中的弱势玩家。公益创业旨在结合两者精华,并"借由做好事以促成功",但是通常两方面都做不到,最终以失败告终。

这样的结果,《易经》早就给过我们启示——

姤卦告诫我们:与众不同。

将社会和经济目标混同(注意:这里不是"相遇"),起不到任何作用。真正的阻碍不是企业的贪婪与非营利组织的善良之间的差异,而是同做一样的事。

姤卦象征的"相遇",真正的含义是融合而不同,做与众不同的事情,这才是真正有益于社会,也是企业在新市场盈利的方式。所以,彼得·蒂尔才会说:最好的项目可能是人们忽视的项目,或没有大肆宣扬的项目;最好的问题是无人尝试解决的问题。

这些问题(如下),在企业规划中都必须给出好的回答。

1. 技术问题：我们的技术具有突破性，而不仅仅是稍有改进吗？

2. 时机问题：现在开创事业，时机合适吗？

3. 市场问题：开创之初，是在一个小市场抢占大份额吗？

4. 团队问题：我们有合适的团队吗？

5. 销售问题：除了创造产品，我们有没有办法销售产品？

6. 持久问题：未来十年或二十年，我们能保住自己的市场地位吗？

7. 秘密问题：我们有没有找到一个其他人没有发现的独特机会？

若这些问题我们都能解决好，那我们一定会获得成功。好吧，我们说实话。就算是只解决好五六个问题，我们也能获得成功。然而，可怜的是或许我们在公司创办时，上述一个问题也没有回答好，我们只是在期待奇迹的出现。

那些曾经在国内风靡一时的数百家互联网企业，如今却纷纷倒闭偃旗息鼓，有的虽然在创办时回答好了一两个问题，却依然摆脱不了被淘汰的结局。如果姤卦的管理之法没在企业创办中得到实践，还会有更多的企业在“莫名其妙”中消失。

17．顺势而为

事物的发展总是循序渐进的,干事业、做管理也是如此——因时顺势,不急躁冒进。人们的管理行为要符合客观规律,不要妄为,此外,却也要兼顾时间、地点、条件的变化,审时度势,该行则行,该止则止,顺势而为。

要明白,一个组织的发展和进步,不是单一直线式的,而是开放式的、放射式的、全方位的。因此,管理需要有博大的胸襟和高瞻远瞩的见识。

解码三十五：不妄为。

☳ 无妄: 天下雷行,物以无妄,先王以茂对时育万物。

【白话】《象辞》说: 震(雷)下乾(天)上,好比在天的下面有雷在运行之表象,象征着天用雷的威势警戒万物,并赋予万物以不妄动妄求的本性。从前的君主顺应天命,尽其所能地遵循天时以养育万物的生长。

有数据显示,中国具备发展大数据的天然优势和基础——拥有全球第一的人口基数和全球第二的经济规模。截至2014年底,中国人口达13.7亿,GDP达63 646万亿元,这是保证巨量大数据来源的坚实基础。此外,根据权威机构Wikibon的预测，中国的大数据总量在2020年将达到8.4 zb，占全球数据量的24%，届时中国将成为世界第一数据大国和"世界数据中心"。

可是，我们却也看到另外一个事实：大量的中国富翁因为悲观地看待国内发展的未来，而将财富转移到国外；中国的中产阶层也因对未来的悲观情绪，分散自己的投资以应对可能到来的未来风险；中国的底层老百姓，则在全球都在觊觎国人巨大财富潜力的时候，千方百计地勒紧裤腰带过日，以备迎接未来可能到来的"经济危机"。

未来，究竟是机会还是危机、机遇还是挑、希望还是绝望？

无妄卦告诉我们：勿妄动妄求。

因为每时每刻我们每个人都在通过不同的设备或终端产生着数据，使得数据出现在"量"这个维度上的不断膨胀，而"量"的膨胀却对企业真正了解用户的需求产生了极大的挑战。实际上，数据的本质就是还原，就是还原为人，分析数据就是在分析人类族群自身。

上海DP教育科技公司近三年来一直致力于将小学生课堂行为数据还原成小学生的学习情况，他们战略性地运用云计算、移动、社交和大数据分析工具，掌握并预测以小学生为中心的课堂行为状况和学习成绩的变化趋势，并根据数据洞察生成最佳行动的建议——基于课程标准的学生多元评价报告单。他们仍在持续致力于将数据贯穿到企业研发、生产、营销、服务等管理运作。

可是，DP人还在探索的路上。他们所要面对的市场、社会、环境等因素，远比人们所预想的要复杂得多：技术是否领先别人10倍以上？时机是否恰当？未来市场的份额是否足够大？核心团队是否合适？营销策略是否得当？好的市场地位能否取得或保持？获得的发展机会是否足够独特？

在这即将到来的D世代，虽然我们难以一己之力做出彻底改变，但是庆幸的是我们除了能够改变自己以外，还能在某个自己的公司、某个自己的领域、某个自己能够掌握的地方进行改变。如果能够做到"全民创新、万众创业"，按照无妄卦的经营管理之说，真正"将数据还原为人"，那么，未来一定就是机会、机遇和希望。

解码三十六：顺势为。

☷ 升：地中生木，君子以顺德，积小以高大。

【白话】《象辞》说：巽（风）下坤（地）上，而巽又象征高大树木，这样就成为地里边生长树木之表象，象征上升。君子通过顺应自然规律来培养自己的品德，积累微小的进步来塑造高大完美的人格。

有权威机构的调查报告表明，我们日常行为中40%

以上都是习惯性行为，从驾车到做早饭和性生活都成了不需要费多少脑子的自动行为。习惯养成容易消除难，建立新习惯就是从一个轨道跨越到另外一个轨道，这需要勇气、智慧和能量。

习惯是影响我们一生幸福、影响企业成败的重大因素，想要有更美好的人生和事业，我们必须正视自己的习惯，也就是所谓的惯性——"势"。

升卦提醒我们：要顺应顺德。

对于一个成功的组织机构的习惯来说，核心习惯是最重要的习惯。查尔斯·都希格[1]在他的著作《习惯的力量》中告诉我们：一些习惯比起其他习惯在重塑商业和生活方式上更有影响力，它们就是"核心习惯"，影响着人们的工作、饮食、玩乐、消费和沟通方式。

核心习惯说明成功并不需要做对每一件事情，而是要辨别出一些重要的优先因素，并将其变成有力的杠杆。这正是升卦经营管理之法：顺势而为，通过顺应自然规律（即为"有力的杠杆"），获得"成功"。

最重要的习惯是那些自身变化后，会驱动和重塑其他行为模式的习惯。如果我们能够注重改变或培养核心习惯，就能引发广泛的变化。但是，核心习惯并不容易发

---

[1]【美】查尔斯·都希格，耶鲁大学历史系学士、哈佛大学企业管理硕士，《纽约时报》商业调查记者。代表作品有：《绝佳机会》《大清算》《污染水域》《习惯的力量》等。

现，我们得先要知道从哪里着眼。寻找核心习惯意味着找出某些特性。核心习惯能为人提供学术文献中所谓的"小成功"。它们通过建设新的结构以利于其他习惯的形成，并在变化扩散之处建立起某些文化。

小成功是关键习惯引起广泛变化之过程的一部分，而所有的一切都是从小成功开始的。因为它能够将细微的优势转变成一种模式，让人们相信更大的胜利即将到来，所以小成功能够带来改造性的变化。

不管领导者有没有注意到，每个组织文化都是从核心习惯发展而来的。要想成功，我们需要一个核心习惯，以打造能促成其他习惯蓬勃发展的架构，并创造一种文化赋予我们克服困难的力量——例如每天和志趣相投的伙伴的聚会就是一种习惯。

升卦的"以顺德，积小以高大"，在经营管理上，就是需要一个核心习惯，顺势创造出各种文化，让我们清楚地看到那些在抉择困难或者感到茫然的时候很可能被忘记的价值。

18. 大为用贤

高明的管理者,既注重修养自身的道德,又注重聚贤养贤,且善于爱护和使用用人才。面对四伏危机,顺天任贤,未雨绸缪,柔顺和悦,而又能与之相得益彰。有眼光、有胆略,注重把握时机,谨慎行事,不妄动,而又雷厉风行。

解码三十七:大为畜养。

☲ 大畜:天在山中,君子以多识前言往行,以畜其德。

【白话】《象辞》说:乾(天)下艮(山)上,为天被包含在山里之表象,象征大量地畜养积聚。君子效法这一精神,应当努力更多地学习领会前代圣人君子的言论和行为,以此充实自己,培养美好的品德和积聚广博的知识。

2015年7月24日,亚马逊发布2015年二季度财报,财报显示,亚马逊二季度营收为231.85亿美元,净利润为9 200万美元。不仅是净营收同比增长了20%,同时还实现了同比扭亏——2014年同期亚马逊的净亏损为1.26亿美元。亚马逊的这次胜利,也被所有人认为是大数据的胜利。亚马逊CEO杰夫·贝佐斯调整了经营思路，表示："如果我有200万个网络顾客，我就应该有200万个网络商店。"也就是说，互联网正从搜索时代进入推荐时代，从用户主动搜索演变为网站主动向用户呈现他们感兴趣的内容——推荐背后的重要工具就是大数据。

在这个"互联网+"的时代里，从前端到后台，它带来的不仅仅是商业模式上的变革，同时也颠覆了既有的生产方式、营销方式以及管理方式，是对人们思维方式的一次彻底革新。

大畜卦启发我们：畜养积聚。

如今，任何连上互联网的人都有能力与全球数十亿人沟通，人类历史上从未有过如此多的人被网络联系在一起。终身雇佣制这种传统模式非常适合相对稳定的时期，但是它对于当今的网络时代来说太过死板和太不以人为本。雇主、管理者和员工需要一个新的关系框架，一个他们彼此承诺可以真正保持的关系框架。

为了应对竞争压力，大部分公司将雇主与员工的关系简化为有约束力的法律合同中的明确规定和条款，以期提高自身灵活性。这种法条主义的做法，将员工与工作都当作短期商品对待，也就是简单地用金钱交换时间。

在今天这个新的形势下，正如领英的创始人之一和执行总裁里德·霍夫曼[1]所说,是时候建立一种互联网时代的雇佣关系——商业世界需要有利于相互信任、相互投资、共同受益的新雇佣关系框架。而理想的雇佣关系框架,应鼓励员工发展个人人脉、勇于开拓实干,而不是成为唯利是图的跳槽专业户。

我们可以以大畜的管理观——大量地畜养积聚,建立起一种新型忠诚观,它既承认经济现实,又允许公司和员工对彼此做出承诺,使雇主与员工之间从商业交易转变成互惠关系的框架。也就是说,雇主与员工建立的关系基于他们为对方增加价值的能力,员工致力于帮助公司取得成功,而公司致力于提高员工的市场价值。雇主和员工可以投资这段关系,并承受追求更高回报的必要风险。

美国硅谷的真正秘密在于它的以人为本,它的成功来自那里的公司与员工建立起来的互惠关系的框架。这种互惠关系,吸引具有创始人思维的专业人才,然后将其创新冲动与公司需求结合起来。于是,Intuit公司的CEO布拉德·史密斯宣称:领导者的任务不是培养能人,而是认识到人们已有的才华,并创造出让其产生和成长的环境。

---

[1]【美】里德·霍夫曼,全球最大的职业社交网站LinkedIn领英的创始人之一和执行总裁,硅谷风险投资公司Greylock的合伙人,"PayPal黑帮"中的人脉王。

我们应该效法大畜的表象施展公司经营管理的方法，改造团队，提高员工的适应能力和技能，让大家更有价值，帮助和指导管理者更好地与直接下属合作，并有效地利用和留住开创型员工。

解码三十八：顺天任贤。

☷☱ 萃：泽上于地，君子以除戎器，器不虞。

【白话】《象辞》说：坤（地）下兑（泽）上，为地上有湖，四面八方的细流都源源不断汇入湖中之表象，象征聚合。在这种众流会聚的时候，必然会现鱼龙混杂、泥沙俱下的情况，因此君子应当修缮甲杖兵器，以防发生意想不到的变故。

当蒂姆·库克从史蒂夫·乔布斯手中接掌苹果公司之时，不少人猜想苹果能否保持同样的创新水平。不过，后来的事实告诉大家，他保持了苹果的创新成果。库克的优势在于能够吸引不同背景、经验和能力的人，激励这些不同的群体为了一个共同的目标而努力——这样的风格被学者称为领导力2.0的特征。

今天，最佳的领导者有能力来释放不同的力量，让一群来自不同背景的人为了一个共同的目标工作。这是达成真正合作与创新的主基调。

萃卦启迪我们：聚合人脉。

任期计划被美国LinkedIn领英公司用在公司聚合人脉上，并取得了成功，而且被里德·霍夫曼、本·卡斯诺查以及克里斯·叶联袂写在了《联盟：互联网时代的人才变革》书上，受到全球经理人的热捧。

LinkedIn根据员工、公司、部门、行业和职位的不同，将任期分为三大类：轮转期、转变期和基础期。轮转期帮助公司雇用大量员工从事稳定、易于理解的工作，从而提供了规模化能力，持续时间为1~3年。转变期提供了适应能力，可以为公司带来所需的专门技能和经验，持续时间有具体任务决定，通常为2~5年。基础期有助于公司留住着眼于长期的员工，从而提供了连续性，持续时间可以到退休，高管团队应该由基础员工组成。

美国硅谷的经验告诉我们，新兴市场的公司主要（约80%）依赖于转变期员工加上少数基础期和轮转期员工。但是，处于稳定市场和准垄断市场的制造业公司可能更多地依赖于轮转期员工（低价值工作）和基础期员工（为了利用他们积累的知识）。

任期制让员工可以承担一系列对个人有意义的不同任务，从而帮助他们谋求在一家公司（另外一家或者同一家）的长期职业发展。任期框架的要点，就是不管任期有多长，都应进行高度信任、高度诚实的对话，让双方能够进行明智的投资。

其实，几乎没有哪位员工的全部核心理想和价值观都与公司使命相同。而实际情况，员工和公司并不需要永远一致，只有在任期内是如此。经过目标协调，一致的兴趣、价值观和目标将增加公司与人才之间维持长期稳固联盟的概率。这就是萃卦的管理聚合之法——确定团队的价值观、一对一地确定个人价值观、通过坦诚建立信任。

19. 重德助人

高效的管理,既重视物的管理,也重视人的管理,前者是基础,后者起支配作用。高明的管理者,重人过于重物,养德重于养身,并在这之间构建起平衡的关系。假若一方势力过强另一方势力过弱,就会打破平衡。若要实现新的平衡,应该采取扶弱助强的办法,而不是后退和降低式的,这才符合事物发展和管理的规律。

解码三十九:重德养身。

☲☳ 颐: 山下有雷,君子以慎言语节饮食。

【白话】《象辞》说:震(雷)下艮(山)上,为雷在山下震动之表象,引申为咀嚼食物时上颚静止、下颚活动的状态,象征颐养。颐养必须坚守正道,君子应当言语谨慎以培养美好的品德,节制饮食以养育健康的身体。

颐养,在中华传统文化中一直都被重视。所谓“修身齐家治国平天下”,首要的就是“修身”。坚守正道的颐养,能够培养出美好的品德来,可谓是“修身”的重要环节和内容。当然,此卦也道出了“颐养”对于企业管理的重要价值。

颐卦提醒我们：养德重于养身。

在西方文明中，也对"颐养"更有足够的重视——《圣经·创世记》记载着："造物的工已经完成，就在第七日歇了他一切的工安息了。"自此，就有了一个以七天为一个周期的星期，就有了以倡导休息为目的的"星期日"。到了今天，我们已经明白这"安息日"当是提醒和告诫我们要重视颐养，要颐养自己。

于是，我们看到今天很多有智慧的企业家会设立"茶歇"、"娱乐时间"等名目的颐养项目。

美国戈尔公司给每个员工每周安排了半天的"自娱时间"，他们可以用来启动自己选择的项目——前提是他们已经完成了自己的主要职责。公司的这个制度，源于戈尔公司坚信：偶然发现珍宝的运气随时会敲门，任何人都有可能成为创新者。

据说，戈尔的大部分产品突破都始于自娱时间的项目——偶然发现了伸展PTFE（特富龙，戈尔公司主要产品）的方法，找到了膨胀PTFE，被证明既耐用又具有透气性；此外，还拓展了公司的吉他弦业务，创造了"非专业公司的医疗部门生产出了最畅销的吉他弦"的历史。戈尔公司却觉得这一切都是正常的。

在我所供职的SW公司，则以另一种形式颐养员工。一是采用弹性时间上班制度，即员工可以根据自己的实际情况，选择从早上8:30—9:30之间任意时刻点进入公司,当然,前提是能够完成自己的主要职责。二是设立员工俱乐部,员工可以根据自己的兴趣、时间、处所选择适合自己的俱乐部项目和形式。我们已经关注到了颐养时间对于员工的重要意义,也更是注意到了颐养时间对公司和创新的价值。

当然,仅仅知道了颐养的重要性还是远远不够的,颐卦告诫我们要"以慎言语节饮食"进行颐养。

解码四十:扶弱助强。

☰ 大过:泽灭木,君子以独立不惧,遁世无闷。

【白话】《象辞》说:巽(风)下兑(泽)上,巽在这里代表木,为水泽淹没了树木之表象,象征极为过分。君子取法这一现象,应当坚持自己的操守。进则超然独行,不必顾忌和畏惧他人的非议;退则逃避世间,不为隐姓埋名而苦闷烦恼。

互联网时代打破了很多原来传统的商业习惯和商务关系,根本上说,就是原来人与人之间的某种平衡被打破了。于是,很多人开始寻找新的平衡,以应对由于平衡被打破而造成的信任危机。实际上,《易》早就有自己的对策——

大过卦喻示我们:扶弱且能助强。

现代雇佣关系有个根本性的脱节问题:雇主与员工

的关系建立在不诚实对话的基础上。公司要求员工向其做出承诺,但不会报以相同的承诺——这种模糊性实际上破坏了信任基础——实际上,信任是生意人的基础性操守。所以,许多员工的对策是做两手准备,一有机会就跳槽,不管他们在面试过程或年度考核中如何表忠心。

实际上,没有员工忠诚的企业就是没有长远考虑的企业,没有长远考虑的企业就是无法投资未来的企业,而无法投资于未来机会和科技的企业就是已经走向灭亡的企业。

怎么办?

如今的互联网时代不可能逆回到原来终身雇用制的时代,而且也不能维持现状。那么,是时候重建雇主与员工的关系了——而且互联网和移动技术为重建这种关系创造了有利条件。

商业世界需要有利于相互信任、相互投资、共同受益的新雇佣关系框架。理想的雇佣关系框架应鼓励员工发展个人人脉、勇于开拓实干,而不是成为唯利是图的跳槽专业户。它让公司充满活力、高标准严要求,同时防止它们将员工当作可处置资产对待。[1]

在SW公司,有一种机制叫做"导师制",就是将新进

---

[1]【美】里德·霍夫曼,本·卡斯诺查,克里斯·叶.《联盟:互联网时代的人才变革》[M]。

员工与公司高管结成"对子",但不是原来的那种"师傅带徒弟"的关系,而是一种"对话"机制。因为这些高管都是SW公司的股东,也就是老板。SW公司希望通过这种对话机制,能够帮助雇主和员工建立的关系基于他们为对方增加价值的能力。

员工致力于帮助公司取得成功,而公司致力于提高员工的市场价值。SW公司高层甚至在公司大会上鼓励员工放眼整个市场,并根据自己的职业愿景选择合适的地方,而SW公司将为他们提供助力和帮助。同时,也欢迎这些"出走"的员工随时回来,并在"出走"期间保持密切的联系和合作。实际上,SW公司是想通过建立这种互惠联盟而不是简单地用金钱交换时间,雇主和员工可以投资这段关系,并承担追求更高回报的必要风险。

对于在生意场上的人们来说,任何寻求前途未知的新市场机会就是一种冒险行为。这种新的人与人之间的关系,使得人们更富有探索性,借此更能在新旧环境中找到平衡,从而降低前面提到的"冒险行为"的危险程度——进则超然,退可避险。

20．刚健共存

许多公司平时对市场危险和管理危机没有足够的戒备和准备，一旦发生险情，往往心慌意乱、手足无措。有的人为了自救，不择手段，为非作歹，甚至坠落到陷害朋友、亲人的地步。

坎卦劝诫我们，"行险而不失其信"，当具有美好心灵，思想行为合乎中正的原则。离卦则进一步告诉我们，人类社会人与人之间普遍存在着依附关系。所谓"正"，就是指人与人之间的这种刚健的相互依附和共存发展。

解码四十一：行险不失信。

☵ 坎：水洊至，君子以常德行，习教事。

【白话】《象辞》说：坎（水）下坎（水）上，为水流之表象。流水相继而至、潮涌而来，必须充满前方无数极深的陷坑才能继续向前，象征重重的艰险困难。君子应当坚持不懈地努力，反复不间断地推进教育事业。

面对复杂的管理问题，如何从零开始，直面巨大的挑战？

我们应当致力于那些将产生重大影响的、鼓舞人心的、核心经典的和值得称道的管理问题,并且需要将这些管理困难分解成为更小的、更易被攻克的各个组成部分,然后将精力聚焦在那些可能产生重大影响的子问题上,同时,这种聚焦也有助让管理的努力获得最大的回报。

坎卦勉励我们:持续创造短期成效。

对于管理、管理创新,特别是管理变革,短期成效非常必要。约翰·P·科特认为,这个"短期成效"主要有四个方面的作用:一是可以为领导者提供必要反馈,从而使他们对自己制定的愿景和战略有更为明确的认识;二是可以使那些辛勤工作的人得到一点鼓励,在情感上得到一些安慰;三是能够使人们对自己当前的工作产生充分的信心,并给那些还没积极参与到工作的一些鼓励;四是能够使那些持批评态度的人改变自己的看法。

总的来说,有了"短期成效",乐观的情绪会渐渐增长,整个组织都会变得更加有活力,并且人们对组织的信念(愿景和战略)也会越来越坚定。

2013年初,SW公司陷入了一个发展僵局,用公司董事长的话来说,就是SW公司有非常靠谱的产品,但是也有一批非常不靠谱的人。新董事会决心打破这个发展僵局,励精图治,但是涉及人的问题是管理变革的根本性问题,岂是一朝一夕说变就变的? 当然,如果把那些所谓的"不靠谱的人"通通开除也是不现实的。

那怎么办?

新任董事会决定先招点新人（主要是应届毕业生，因为他们"什么都不懂"），人招来之后，加强公司内外各种各样的培训和专题讲座。然后，将一些"出挑的菜鸟"推到一线，为公司从市场上找回来几个大单……然后，那些"不靠谱的人"感受到了巨大压力。紧接着，"干掉"一两个特不靠谱的中层管理人员。然后，一切都朝着设定的变革方向曲折前进……

对的，没有过不去的"坎"，只要选择一些能够很快带来明显、确定而且非常有意义的成效的项目，尽快拿出一些看得到、摸得着的成绩，来向人们证明我们当前工作的意义。但是，千万不要撒谎，同时，要对自己发送的信息保持乐观态度——我们眼前的这些"坎"，多跨几次就过去了。

解码四十二：依附秉正中。

☰ 离：明两作，大人以继明照于四方。

【白话】《象辞》说：离（火）下离（火）上，为光明接连升起之表象，这里代表太阳。太阳东升西落，因而有上下充满光明的形象。太阳的光明连续照耀，必须高悬依附在天空才行，象征附着。伟大的人物效法这一现象，也应当连绵不断地用太阳般的光明美德普照四方。

在有些情况下，任何因素都可以影响我们以足够快的速度取得一些足够有力的成效。

我们都知道,撒谎是不对的,但是有时候我们需要尽可能以正面积极的方式,来表现自己目前已经取得的成果,或捍卫权利,或竖立自己的形象,或扩大自己的影响力。

然而,是这么回事吗?

离卦警示我们:始终持守真诚待人。

我们已经知道,必须尽快拿出一些看得见、摸得着的成绩,来向人们证明我们当前工作的意义。但是,千万不要为了"短期成效"而撒谎,因为这将导致失信,如不能及时纠正最终使我们彻底失去人们的信任(那时候,即使我们传达的信息是真实的)。

人一旦失去了信用,即使真实的信息,也会被人们怀疑为谎言。与谎言相比,诚实永远是更好的选择。"要弃绝谎言,各人与邻舍说实话,因为我们是互相为肢体……一切的苦毒、恼恨、愤怒、嚷闹、毁谤,并一切的恶毒,都当从你们中间除掉。并要以恩赐相待,存怜悯的心,彼此饶恕……" [1]

当然,我们在不说谎、不夸大其词的情况下,还一定要对自己发送的信息保持乐观态度——不欺骗自己,对人诚实,而又积极向上。只有相互的诚实和信任,才能像

---

[1] 见《以弗所书》第四章。

"太阳的光明连续照耀",才能"依附在天空",才能相互"附着"。

在我从事投资工作以来,见过太多公司和团队因为在"真诚待人"上出了问题而造成失败、止进甚至对簿公堂的结果。

一般来说,一个创业团队因为有了信任的基础和共同的理想才走到了一起,所以一开始的时候都能以诚相待——如果不是以以诚相待为基础,就不是真正的团队。当公司发展到了一定程度,特别是获得了资本市场的肯定和融到了一定的资金之后,在所谓的"估值"面前,人性中的贪婪开始作祟,为了个人利益,从斤斤计较和彼此怀疑开始,以诚相待受到了重大挑战。所以,我们发现很多初创企业在获得资本市场的投资之后,反而在一定的时期里面发展停滞,若不能及时调整和解决,团队分裂、梦想瓦解,企业很快就走向灭亡。

我们当时刻谨记"离"的警示——秉中正,诚让我们"离"不开。

第三篇　身强有术

爱·术

　　在规则体系指导下的具体操作方法，只要指导原则（法）不变，具体方法可千变万化。术可以通过练习获得，也可以通过对法的推理产生。

21．交感互利

当代社会中,同事关系、客户关系是商业社会中一切管理现象的最初契机。在这个商业社会中,并非零和游戏,也就是说在这个利益场中并不意味着损伤自己一部分利益去援助别人,当然也非损人利己。而是要在不使自己一方受到丝毫损伤的情况下,去获得相当的利益,以及在不得已的情况下,适当减损或放弃一部分利益而去追求更大更多的利益。利益"交感"、人与人"交感",而又能"咸其股,执其随",做事有个人见解,不盲目接受他人的建议——这才合乎"交相感"的管理道理。

解码四十三：交往相感。

咸：山上有泽,君子以虚受人。

【白话】《象辞》说:艮(山)下兑(泽)上,为山上有泽之表象,即上方的水泽滋润下面的山体,下面的山体承托上方的水泽并吸收其水分的形象,象征感应。君子效法山水相连这一现象,以虚怀若谷的精神容纳感化他人。

今天,"互联网+"一下子成了社会和业界追捧的热词,表明政府部门和各行各业对互联网的看法已有很大改变,甚至在某些领域出现了虚炒"互联网+"概念的情况。

随着移动互联网的兴起,越来越多的实体、个人、设备都连接在了一起。互联网已不再仅仅是虚拟经济,而是主体经济社会不可分割的一部分。毫不夸张地说,经济社会的每一个细胞都需要与互联网相连,互联网与万物共生共存,这成为大趋势。[1]

既然如此,我们应该效法"山水相连"的现象,以虚受人。

咸卦告诉我们:互相连接,共融共生。

连接,是互联网的基本属性,也是一切可能性的基础。未来,"互联网+"生态将构建在万物互联的基础上。

互联网不仅仅是一种工具,更是一种能力,一种新的DNA,与各行各业结合后,能够赋予后者以新的力量和再生的能力。于是,马化腾"危言耸听"地表示:"如果我们错失互联网的使用,就好比第二次产业革命时代拒绝使用电能!"

举个例子,在互联网的平台上,文学读者、影视观众、动漫爱好者、游戏玩家之间的界限变得越来越模糊。游戏、动漫、文学、影视也不再孤立发展,而是通过聚合粉丝情感的明星IP(知识产权)互相连接、共融共生。

---

[1] 马化腾等.《互联网+:国家战略行动路线图》[M].

反面举例，如果一个企业不能通过"互联网+"，实现与个体用户的"细胞级连接"，就如同一个生命的神经末端麻木、肢体脱节，必将面临生存挑战。

华为认为"连接"是新的生产要素。如果把"互联网、无缝连接、连接一切、跨界融合、协同创新"组合起来，能让每个人都可以发出联想——

"互联网+"的实质是关系及其智能连接方式，其真正实现了分布式、零距离，关系的建构与链接融汇了人的智能，是"人工智能+人的智能+群体智能"的交汇。"互联网+"融合云计算、大数据、物联网等，实现"人与人、人与物、人与服务、人与场景、人与未来"的连接。

所以，"互联网+"的精神实质，就是"咸"以虚怀若谷的精神容纳感化"他人"。

解码四十四：利己利人。

䷨　损：山下有泽，君子以惩忿窒欲。

【白话】《象辞》说：兑（泽）下艮（山）上，为山下有湖泽之表象，湖泽渐深而高山愈来愈高，象征着减损。君子应该抑制狂怒暴躁的脾性，杜绝世俗的欲望，也就是摒弃格调不高的低级趣味，不断培养高尚的品德。

"互联网+"代表着以人为本、人人受益的普惠经济。局部、碎片、个体的价值和活力，在"互联网+"时代将得到前所未有的重视。万物互联和信息爆炸带来的不是人的淹没,其实恰恰是人的凸显,每个人的个性更加容易被识别,消费者更灵活地参与到个性化产品和服务中去,实现以人为本、连接到人、服务于人、人人受益。

损卦告诉我们:敬畏人性,开放协作。

普惠经济是一种集约型经济、绿色经济、共享经济,它能高效对接供需资源,提升闲置资源利用率,实现节能环保。例如,"互联网+"在拼车、房屋交换、二手交易、家政服务等领域创新迭出,以"专车"为代表的共享经济正在井喷式发展,这为优化利用社会闲置资源、实现绿色环保,解决现代城市难题带来了新的思路。

"互联网+"可能带来大量"弯道超车"的机会以及被超车的风险,因此,"互联网+"为我们提供了无限的想象空间。例如,互联网正在成为中国包容性增长的动力,对于发展相对落后的农村地区和中西部地区,"互联网+"带来了跨越式发展的可能。

然而,如果没有人这个核心,没有信任这个要素,"互联网+"连接"未来"就是幻影、连接"一切"就是空谈。

借用"信息熵"[1]来说事,"互联网+"生态中,实现连

---

[1] 信息论之父C・E・香农在1948年发表的论文《通信的数学理论》中指出,任何信息都存在冗余,冗余大小与信息中每个符号的出现概率或者不确定性有关。并借用了热力学的概念,把信息中排除了冗余后的平均信息量成为"信息熵",同时,给出了数学表达方式。

接的层级单位越小，熵就越低，商业活动、社会经济的耗费就越少，效率就越高，确定性就越强，有序程度就越高，生态体系就越有活力。反之亦然。

损卦为我们支招——着眼于人人、大众、万众这些小颗粒度的连接"细胞"，点亮从"人人皆可成才、人人尽其才"到"人人皆可创新、创新惠及人人"之火，用"互联网＋"连接人性，用"互联网＋"培育生态，用"互联网＋"锻造竞争优势。

敬畏人性让未来临近，强化信任让未来流行。

那么，未来是什么？就是有梦想、有创意、有努力的人融合在一起可以到达的地方。

今天，我们正处在从传统社会走向全面信息社会的大变革节点时代，用户行为、商业行为、技术变革、商业模式变革、跨行业的融合等都在发生着巨大的改变，从工业文明走向信息文明，走向连接一切的智慧世界，唯有拥抱变化、敬畏人性、开放协作，才能拥有未来。

《易经》管理密码

22. 守恒共生

在事物发展的长久过程中，制约事物发展的原则或规律，包含着变与不变的内容。讲管理的处正守恒，就是要在管理过程中把握原则或规律，该变则变，不该变则不变。管理的恒道，就是在变和恒中，因时、因地、因事、因人而制宜。

此外，在事物的发展过程中，时时伴随着利弊、损益、福祸的交互变化。有得就会有失，有损就会有益。所谓"益人者自益"，有利于他人则自己也会得益；益于他人，也会受到更多的欢迎，并得到真诚的回报。

解码四十五：处正守恒。

☳☴ 恒：雷风，君子以立不易方。

【白话】《象辞》说：巽(风)下震(雷)上，为风雷交加之表象，二者常是相辅相成而不停地活动的形象，象征长久。君子效法这一现象，应当树立自身的形象，坚守长久不变的正道。

互联网的流行和"互联网+"时代的逼近，促使企业的智力资本化，智力资本被重新定义为本身具有价值并能为企业创造价值的、企业所特有的核心能力。企业的竞争优势实质上是由智力资本决定的。

过去我们看待、管理企业往往拘泥于供应、研发、制造、营销等不同环节和财务、人力、行政等分散职能。智力资本则给我们提供了完全不同、更进一步、更具战略性的视角，智力资本的来源组成（人力资本、结构资本、关系资本）恰恰是企业的战略要素。企业要持续成长，就要做好这些战略要素的管理与运营。所以，企业管理的对象变了，对其背后的逻辑也要进行再洞察。

恒卦跟我们说：恒守正道，以人为本。

人力资本有力量，解放人的创造性就是解放生产力。人力资本化、尊重创新劳动、重视知识产权的价值才会给创新驱动发展带来支撑，才能倒逼教育与社会治理、运营管理。尊重人性，才能发挥"互联网+"的威力。而"互联网+"最本质的文化恰好就是尊重人性。

每一个个体都有自己的专长、积淀、经验、智慧、资源和关系，都有独特的思考方式和行为模式，其能动性和创造力并没有被充分激活，大量的个体创意、创新、创造的开关还处于半闭合状态。所以，恒卦跟我们说，企业经营管理的"恒"道就是要想办法尊重人性、去除羁绊、价值驱动、创新驱动，让智力资本能够被充分解放、利用。

企业的智力资本来源于人力资本、结构资本和关系资本三个方面。

人力资本——员工、客户、合作者都有可能是企业智力资本的持有者。人力资源被激活,才有可能转化为企业的智力资本。对管理而言,纯粹的雇佣关系、供求关系而非合作关系会戕害人力资本化。

结构资本——包括企业战略与定位、路径、价值观与文化、知识产权、制度、规则、流程、商业模式、价值网塑造、组织结构与治理结构、打造的平台等。

关系资本——梳理并管理关系、挖掘关系价值、建构价值网;关系管理的策略、客户关系管理、员工关系管理、合作关系管理、社会关系管理,都成为企业可持续对管理者的基本要求。

在运用经营管理的"恒"道时,就是要从过去的关注和管理拘泥中跳出来,更加关注人力资本、更加关注结构资本、更加关注关系资本。

解码四十六:互利共生。

☰ 益:风雷,君子以见善则迁,有过则改。

【白话】《象辞》说:震(雷)下巽(风)上,为狂风和惊雷互相激荡,相得益彰之表象,象征增益。君子应当看到良好的行为就马上向它看齐,有了过错就马上改正,不断增强自身的美好品德。

未来的商业是无边界的商业。

互联网做的就是关系，互联网连接一切，人和人、人和物、人和信息之间的关系产生新的价值。那么，在信息产业、互联网上更进一步，"互联网+"提供了互联网和任何行业的可能性。"互联网+"能为结构的变化、融合的产生、创新的发生提供支撑。接下来，互联网和传统行业的融合是要重视和抢抓的机遇，也是制高点问题。

益卦跟我们说：增益不能，互利共生。

未来的跨界，一定是把企业的内部生态延伸出去，和外部的生态系统进行协同、交互、融合，跨界的力量才能有效地推动创新。

好的生态激活创造性，放大创造力，孕育创意，促进转化，到来社会价值创新。坏的环境、阻碍的规制、欠缺的生态则会扼杀创新于襁褓——当创意、创新被条件所困、被环境制约，创新的努力只会变成一个个悲伤的故事。

创意、创新是生态的一个要素，生态既要有种子，还需要土壤、空气、水分等。构建生态既需要精心设计，又需要发挥要素的连接性和能动性。生态内外必须形成有机信息交换，而不是自我封闭的构筑。要素间交互、分享、融合、协作随时自由发生，同时，还要保持独立、个性和尊重。

关于"互联网+",生态是非常重要的特征,而生态本身就是开放的。推进"互联网+",就是要把过去制约创新的环节化解掉,把孤岛式创新连接起来,让研发由人性决定的市场来驱动,让创业并努力者有机会实现价值。

我们参与投资的PT游戏公司并不只是一家传统的网络游戏公司,它实际上融合了游戏、动漫、"虚拟现实"玩具、玩偶、线下娱乐等多个传统和非传统行业的东西,它的核心运营团队更有宏心伟志——两年内在国内建设1~2个主题游乐园……

PT公司之所以能在短短的1年多时间里迅速发展壮大,主要来源于公司有一种浓郁的创新氛围和创新文化。这种企业文化充分发挥政策集成和协同效应相结合、实现创新和创业相结合、线上与线下相结合、项目孵化与团队投资相结合等优势,为公司开发人员、游戏作者、运营人员提供良好的工作空间、网络空间、社交空间和资源共享空间,构成了公司内部与外部低成本、便利化、开放式、全要素的创新、创意、创业生态空间的初步形态。

"互联网+"的行动计划的核心就是经营管理的"益"道——互利共生的生态计划:重塑教育生态、创新生态、协作生态、创业生态、虚拟空间生态、资源配置和价值实现机制、价值分配规则等。这将引起一场越来越深入的"生态"改革。

23．守身除患

在组织(企业)管理的关系中,同事关系是根本。在经济社会中,组织(企业)单位是根本。企业的实际控制人负有领导职责,在管理过程中要防患于未然。治理企业,不能过分宽大,既要有情有义相亲相爱,也要讲规矩、岗位和威严,不可放任自流,同时,还应以身作则,诚信自律。

管理者要清醒地认识到,我们处理组织内部问题的目的是为了企业的生存和发展。在此过程中,宜静不宜动,不无事求功妨害休养生息;宜速不宜迟,避免积重难返酿成后患。管理者更要清醒地认识到,处在平稳发展期的企业并不完全平稳,应随时发现并清除组织内部细小问题,规避隐患。

解码四十七：自律成习。

☲☴ 家人:风自火出,君子以言有物而行有恒。

【白话】《象辞》说:离(火)下巽(风)上,为风从火出之表象,象征着外部的风来自本身的火,就像家庭的影响和作用都产生于自己内部一样。君子应该特别注意自己的一言一行,说话要有根据和内容,行动要有准则和规矩,不能朝三暮四和半途而废。

通过行为科学家的经年研究和辛劳付出,我们现在已经知道人们的习惯是如何运作的——习惯回路:先是一种暗示,然后形成一种惯常行为,之后获得某种预期的奖赏。

研究人的习惯,让我们在产品研发和销售中获得了许多的经济利润。我们可以通过解决潜在顾客的某种需求(心理和物质上的),培养出某种惯常习惯,获得我们的忠实顾客,进而取得顾客回报——利润。

家人卦告诉我们:重视暗示,正确欲望。

习惯与记忆和逻辑一样,都是人们行为的基础。我们也许并不记得自己的习惯是如何养成的,但是,一旦这些习惯在大脑中形成,它们就会影响我们的行为,而我们自己往往是意识不到的。

研究人员发现,习惯回路中的暗示几乎涵盖所有事物——某种视觉冲击、特定地点、某个时间、某种情绪、一系列的思绪、特定的人的陪伴等。习惯行为可以让人觉得不可思议,也能令人觉得异常简单(比如和情绪相关的,都是在毫秒的时间尺度上发生的)。奖赏则涵盖了可以给感官带来快乐的食物、药物或情绪上的高潮(比如表演带给人的自豪感或沾沾自喜等)。

当然,还需要一个“渴求”来驱动习惯回路的发生。

当某个行为诱因出现时,人们的注意力会集中在对奖赏的渴求上,并将这种渴求变成了一种轻度的沉迷。人们对奖赏的渴求,将诱因挤出了行为,这种渴求驱动着人们的习惯回路。对一个公司的经营管理来说,弄清楚渴求背后的科学是革命性的。

我刚到SW公司任职的时候,很多员工并不认识我。于是,那时候我能听到很多员工的真话,也就是公司某些真实的情况反馈。其中这一件事情引起了我的深刻思考——

有个"前辈"项目实施经理在我面前"教育"新进员工,他说:"你这个项目已经铁定不能在规定的工时里完成了,也就是说这个项目你很可能一分钱的奖金都不能得到了。那么,我建议你,把后面那几个项目的工时尽可能多地填到这个项目工时表里去……"这么一来,虽然会造成有一个项目分文奖金没有,但是后面几个项目则可以获得额外的奖金,综合算起来还是赚到了,甚至更多。

这显然是跟公司的愿望和管理方向是相违背的。当然,这种赤裸裸的"暗示"之所以肆无忌惮地在公司流行,显然不是开除几个人能够解决的。于是,我们从员工需求、公司制度、员工培训、公司文化等系统上进行了改革……

没错,正是"渴求"驱动着人们(员工)的习惯。"家人"的管理之道,就是要我们注意"自己的一言一行,说话要有根据和内容,行动要有准则和规矩"这些日常"暗示"诱因,找到触发渴求的方式,然后创造人们(客户和员工)新的习惯。

解码四十八:清除隐患。

☷☵ 解:雷雨作,君子以赦过宥罪。

【白话】《象辞》说:坎(水)下震(雷)上,坎又代表雨;为春雷阵阵,春雨潇潇,万物舒展生长之表象,象征解除危难。君子应该勇于赦免那些有过错的,饶恕那些有罪过的,使他们在宽松的环境下,得到解脱和新生。

德国时间2015年9月19日凌晨5点,德国大众汽车"突然"遭到来自美国的"兴师问罪"——美国环境保护署公布了德国大众公司利用软件设备作弊,规避排放标准。为此,大众汽车可能面临超过一千亿美元的潜在综合损失,这个数额已经远超大众汽车当时总市值(560亿美元)。也就是说,全球最知名品牌之一的大众汽车,是否能够继续生存,已不是一个玩笑问题。

解卦告诉我们:规避隐患,替代改变。

现在我们知道,大众汽车作弊门事件让美国一位原来名不见经传的工程师丹尼尔·卡德尔火了。因为他2012年搞的一次研究发现大众柴油车在高速公路上的排放水平远远超标，并在2013年5月层将该结果公布在一个公开的论坛上。只是那时候没引起什么反应，没想到，3年后这份研究成果被美国环境保护署从"废纸篓"里拿出来，这对大众几乎可能造成致命的一击。

这里我们不讨论美国这个时候齐齐抛出诸如大众、宝马、嘉能等德国企业这样或者那样的问题将对"德国制造"、工业4.0、德国企业信用等产生致命危机的背后政治目的，我们就谈谈由此引发的在企业管理中那些耐人寻味的隐患。

实际上，我们不难猜想，大众公司起码在三年前就应该知道这个排放作弊软件设备的隐患——这是一种管理层习惯、公司习惯、行业习惯，甚至可能是国家习惯。可是，很显然他们没有采取挽救措施，或者应该更加准确地说是没有采取有效的挽救办法。

确实，习惯是没那么容易改变的，也没有一套对每个人或每个公司都有效的方法。因为研究人员告诉我们，习惯是不能被消除的，而只能被代替。

但是，研究人员也告诉我们，习惯最具可塑性：如果我们保持一样的暗示和奖赏，就能植入一种新的惯常行为。当然，为了保持这个"新"习惯，我们得相信改变是可能的。而且，大多数时候，还要在团体的助力下，才能形成信仰。

戒烟、戒酒、减肥、咬指甲、熬夜、比赛以及许多公司的案例，将事实一目了然：如果想改变一个习惯，就必须找另一个惯常行为替代。而且当我们和一个群体（团队、公司、行业，乃至一个民族一个国家）一起努力时，改变的成功性会大大提高。信仰也是必要的，而且它是在群体中培养出来的，即使群体只有两个人，结果也是一样。

改变是可能的。管理的"解"道要告诉我们的正是这种解除危机的解决方案——正视隐患，用替代的方式改变习惯。当习惯改变，不仅个人生活能改变，公司、组织和整个社群都会随之改变。

24. 转危化易

在这个复杂的世界里，事物之间普遍存在着差异性和同一性。若能巧妙地运用管理的"睽"之道，小心谨慎地处理，是可以化睽[1]为合的。实际上，跟异是同的前提一样，睽是合的前提。

迎难而上是管理的"屯"道，见险能止则是管理的"蹇"道了。艰险在前，不可冒进，应当见险能止，选择有利的方向，冲破险境，努力前进。

虽睽且蹇，就在于我们怎样对待差异和困境，只要我们能够处理得当，坏事可变好事，祸福危易之间是可以相互转化的。

解码四十九：求同存异。

☲☱ 睽：上火下泽，君子以同而异。

【白话】《象辞》说：兑（泽）下离（火）上，为水火相遇之表象，象征对立。君子应该在求大同的前提下，保留小的差别和不同。

---

[1] "睽"字的含义是违背、不合、分离。

2002年诺贝尔经济学奖获得者丹尼尔·卡尼曼的研究告诉我们，大脑有说不清的局限：我们对自己认为熟知的事物确信不疑，我们显然无法了解自己的无知程度，无法确切了解自己所生活的这个世界的不确定性。

睽卦告诉我们：理性看待"对立"。

求同存异，我们都知道的道理。可是，当面对现实情况的时候，有几个人能够去践行呢？

我们总是高估自己对世界的了解，却低估了事件中存在的偶然性。当我们回顾以往种种，由于后见之明，对有些事和人会产生虚幻的确定感，因此我们变得过于自信（否定或肯定某事、某人）。同时，情感因素在我们对直觉判断和决策的理解上发挥着更大的作用。

我有过两年的警察经验，这让我在很长一段时间审视这个社会和人的时候，总是带着一种怀疑、不太友好的态度——就是那种警察看待案件、看待嫌疑人的姿态，我看到的全是"坏人"。后来，我还有八年的政府招商工作经验，这又让我用一种完全不同的视角看待这个社会和人，为了招商，我必须表现得友好、诚恳和恳切——那时候，我眼里看到的全是"好人"。警察的经历，让我失去了很多的机会和乐趣；招商的经历，让我常被人利用和占便宜。

后来，我开始从商，经营管理公司、参与项目投资，特别是坚持思考和写作，这些经历和经验让我发现：我们的主观判断是存在成见的，我们特别容易相信在没有足够证据的基础上得出的结论，而且对论据的收集也不足。

这说明，我们看到的那些"对立"，其实只是我们自己的意识经验，甚至可能只是一种"臆想"。

当然，大多数印象和想法都是从意识经验中得来的，而人们感觉不到这一过程。印象、直接、决策，所有这些脑力活动都在无声地进行着。但是，人的直觉是有缺陷的。

所以，管理的"睽"道告诉我们，理性认识我们的大脑容易受系统性误差的影响，坚持求大同、容小差异和不同，那么，我们将可获得成功事例中的那份扮演"幸运"的重要角色。

解码五十：见险能止。

☵☶ 蹇：山上有水，君子以反身修德。

【白话】《象辞》说：艮（山）下坎（水）上，为高山上积水之表象，象征艰难险阻、行动困难。君子应该好好地反省自己，提高自己的品德修养，以通过自身的努力渡过困境。

不结果子的枝子，就剪去；凡结果子的，就修理干净，使枝子结果子更多。[1]

---

[1] 见《约翰福音》第十五章。

研究人员的研究成果告诉我们这些：

——人的直觉是有缺陷的。

——我们的主观判断是存在成见的：我们特别容易相信没有足够证据基础上得出的研究结果，而且研究中对观察样本的收集也不足。

——人们把相似度当成一种简单的启发手段（简单地说就是经验法则）来作艰难的判断，对经验法则的依赖必然导致人们判断时的成见。

——幸运在每个成功的事例中都扮演这重要角色，而一个小小的改变就会将伟大的成就变得平淡无奇。

——我们的大脑容易受系统性误差的影响……

蹇卦告诉我们：反躬对待"自己"。

丹尼尔·卡尼曼把人的大脑"分成"系统1（即自主系统）和系统2（即耗力系统）两种角色。系统1的运行是无意识且快速的，不怎么费脑力，没有感觉，完全处于自主控制状态。系统2将注意力转移到需要费脑力的大脑活动上来，例如复杂的运算。系统2运行通常与行为、选择和专注等主观体验相关联。

研究人员发现，我们自己也能感受得到，始终如一地保持某种状态，需要付出持之以恒的努力，至少要一直耗费精力。同时，我们也能意识到注意力是有限的，在社会生活中我们也会为此做出妥协。于是，当人们太过专注于某件事情时，就会屏蔽掉其他事情，即使是平时很感兴趣的事（如某种市场危机、管理危机等）也不例外。更厉害的事实是，我们不仅会忽视显而易见的事，也会忽视自己屏蔽了这些事的事实。

蹇卦的管理之道就是告诉我们要"见险能止"，首先就是要有"见"的能力。

然而，我们大脑中的系统1存在成见，在很多特定的情况下，这一系统易犯系统性错误，我们发现这个系统有时候会将原本较难的问题简单化处理。而且，系统1还有一个更大的局限，即我们无法关闭它。不过，我们大脑中的系统2的众多任务中就包括抑制系统1产生的这些冲动，系统2负责我们的自我控制。

懒惰是人类的本性。普遍的"最省力法则"不仅适用与体力活，也适用于我们的认知行为。这个法则主张如果达成同一个目标的方法有多种，人们往往会选择最简单的那一种。在经济和管理行为中，付出就是成本，学习技能是为了追求利益和成本的平衡。

蹇卦的"见险能止"还告诉我们，管理不仅是训练人们的行为成为系统1的"自主"反应，而且还要努力保持警惕，让系统2适时发挥"控制"作用，识"见"、知"险"、有"能"、懂"止"。

25. 临危逊服

平日里,在各自岗位上的我们,自当居安思危,怀恐惧的心理,不敢有所怠慢。同时,在遇到突发事件变的时候,也能安然自若,谈笑如常——即临危不乱。

企业的经营和管理制度,要三令五申才能普遍深入人心。而作为员工的我们,要顺服组织的管理制度,保持谦逊的态度和行为,这样才能让一个企业真正地好起来。

解码五十一:居安思危。

☷ 震:洊雷,君子以恐惧修省。

【白话】《象辞》说:震(雷)下震(雷)上,为雷相重叠之表象,好像震动的雷声。君子应悟知恐惧警惕,修身省过。

起初神创造天地……天地万物都造齐了。到了第七日,神造物的工已经完毕,就在第七日歇了他一切的工,安息了。[1]

不过,上帝依然给我们留下了那个作为人的"伟大

---

[1] 见《创世记》第一章、第二章。

之处"的自主空间——我们有能力做出某些决定。也正是由于这些决定，一些不同寻常的行动才有发生的可能。

震卦提醒我们：尊重顾客，居安思危。

我们希望自己被怎样对待，就应该怎样对待顾客。我们的决定反射出我们是谁，我们看重什么。同时，我们的决定体现了我们的价值观，这些决定带来的行动不仅表明了我们是什么样的人和公司，也把员工和顾客的心与我们拉近了。

顾客如果喜欢我们，不仅会在需要某个特定产品或服务的时候来找我们，而且有需求的时候首先想到的就是我们，无论我们的竞争对手如何游说。这些顾客会组建起一支宣传大军，向他们的朋友、邻居、同事，甚至是陌生人传播我们的故事，鼓动他们来尝试我们的产品和服务。

这一点，我不得不自豪地、带着点骄傲地说我所任职的SW公司做得很好——虽然还有可进一步提升的空间。

SW公司深耕高校信息化市场十多年，靠的是客户的持续信任和强力支持，即使是在近年大量竞争对手出现、产品相对优势减弱的情况下，SW的客户始终与SW公司风雨同行、不离不弃，并持续帮助SW公司改进产品、激励SW公司升级产品。此外，在产品革新和升级过程中，出现了一些不如人意、差强人意甚至错误问题的时候，SW公司的客户都表现出了极大的包容和最大的善意——一方面他们会向SW公司的销售和产品经理直陈错误和问题,另一方面他们却持续在向其他高校和朋友推荐SW公司。

这是SW公司的核心优势——我们就是客户,客户就是我们。其实,这十来年SW公司的经营努力,积累的不仅是品牌和客户,还有自己的"超级粉丝群"和"社群"。

那么,SW公司是怎样做到这点的呢?如果真要细说起来,恐怕这整本书都写不完。不过,倒也有四个字可以概括:启动效应。

这个"启动效应",简单地说,就是当出现"A"的时候,紧跟着就会出现"B"。启动效应有多种表现形式,如:涟漪效应(如果脑海里出现A的概念,恰好听到了B或者看到了B,然后在脑海里就出现了B这个字)、概念运动效应(因为A概念的出现,我们的行为因此有了似A的改变)、麦克白效应(当人们感觉自己的心灵受到了玷污,往往也会引发清洗自己身体的想法)……

正是SW公司日积月累对客户的真诚和对产品的执着,才在今天发生出来了这种启动效应。这也正是经营管理的震道——持续尊重客户、真正居安思危、确实修身省过。

解码五十二:谦逊顺服。

☴ 巽:随风,君子以申命行事。

【白话】《象辞》说:巽(风)下巽(风)上,为风行起来无所不入之表象，象征顺从。具有贤良公正美德的君主应当仿效风行而物无不顺的样子，下达命令，施行统治。

踏入商界后的生活并非我们想象的那样，只是买卖与投资。因为人生的强大动力并非来自金钱，而是来自学习、在责任中成长、为他人奉献以及个人成就。所以，如果管理者能够出色地完成工作，管理可以成为最崇高的职业——没有任何一个职业像管理一样提供如此多的方式，来帮助他人发现学习与成长的机会。

巽卦提醒我们：贤良公正，定义信念。

哈佛商学院Robert & Jane Cizik工商管理学教席教授克莱顿·克里斯坦森的研究告诉我们，确定好个人资源分配的原则，可以帮助人们获得来自家庭的幸福。公司如果没有合理分配资源的话，最后会与管理层设想的相去甚远。个人的资源分配也是如此：如果缺乏清晰地人生目标，我们会将时间和精力浪费在获取短期的、最快见到成效的事情上，而非对我们重要的事情上。

此外，正如过度关注边际成本会导致公司做出错误的决策，如果我们做错事时抱有"就这一次"的想法，我们就会无视选择的错误道路而继续向前。此时，最为重要的是我们如何定义自己的信念，并为此设定安全线。

有过一段"辉煌岁月"的ZT科技公司已经在新三板

挂牌,这在外人看来算是不小的商业成功了。可是,挂牌以后,遇到全球智能手机市场下滑、国内智能手机销售乏力、国外应收账款收款无望,如今面临着资金流断裂、企业重组甚至倒闭的巨大风险。

反观ZT公司的发展历程,有着科技公司良好的技术团队、杰出的创业者领导者、高速发展的智能终端市场……这些,在几年前都备受投资人的青睐。于是,公司核心创业团队开始膨胀,希望在短期内快速获得成功——企业上市。

于是,一群追逐短期高回报的投资人(实际上称他们为"投机者"更为恰当)给他们出谋献策,最后选择了这条并不符合ZT公司发展初衷和前进的新三板挂牌之路。果然,在公司挂牌三个月后,所有的投资机构从资本市场撤离,ZT公司被套牢,陷入今日之大困境。

巽的管理之道,就是要我们仿效风行而物无不顺的样子,预先定义自己的信念和价值观,具体来说就是建立自己的一个"模型",并将公司经营管理融入这个模型,使公司上下以此顺从,最终营造出独特的公司文化。

26. 知止善和

管理的世界是辩证统一的。

有所行必有所止,能止才能行。在欲望的诱惑下,高明的管理者应该懂得抑制邪欲,坚行正道。我们要抑止自己不当的言行,当行则行,当止则止,当说则说,不当说则不说,一切必须审慎抑止为是。这样才能与人和谐地相处,又能保持自我,和而不同,内在刚健笃实,外在柔和巽顺,营造出愉悦和谐的企业环境。

解码五十三:行止有度。

☶ 艮:兼山,君子以思不出其位。

【白话】《象辞》说:艮(山)下艮(山)上,为两山重叠之表象,象征抑止。君子的思想应当切合实际,不可超越自己所处的地位。

今天我们生活的时代充满前所未有的机遇,只要我们有雄心、干劲、才智,就能够登上自己所选事业的巅峰,而无论是我们从哪里起步的。与此同时,责任伴随机遇而生。同时,今天的公司并不为知识型员工的事业发展做打算,因此我们每一个人都应该进行自我管理。

艮卦提醒我们：看清自己，成就自己。

多数人以为自己擅长做什么，或者知道自己不擅长做什么，但是实际情况并不是这样。彼得·德鲁克的研究告诉我们：一个人要想所有作为，只能靠发挥优势。我们不可能在自己不擅长的事情上取得成效，更不用说那些自己根本无能为力的事情了。

实际上，智商和专业技能基本上属于管理者的"入门级能力"，特别是担任高管职位的门槛。这一点已被管理研究者所印证，他们还发现最高效的领导者的情商都很高。丹尼尔·戈尔曼[1]甚至还认为将优秀领导者与伟大领导者区分开来的标志既不是智商也不是技能，而是情商。

艮卦"抑止"的管理内涵：一方面说明个人才智的确是获得出色业绩的要素，同时认知能力（如把握大局、长远规划的能力）也非常重要；另一方面一个人的情商对优秀绩效的贡献率能起到更高的作用——这情商包括：自我认知、自我控制、内驱力、同理心和社交技能。

我有位担任公司销售总监的同事和朋友，她有世界五百强企业任职和十多年的行业销售经验。但是，我却发现她的业绩表现平平。通过观察，我发现她的倾听能力很差，她总是打断别人的话，也不注意听人家说了些什

---

[1] 丹尼尔·戈尔曼，罗格斯大学组织情商研究联合会主席。

么。于是,终于有一次被我找到了个合适的机会,给她指出了"同理心不够强"的问题。接着,我又激励她要改变自己以登上更高的事业阶段。然后,我监督她在实践中反复练习,并听取别人的反馈意见。年底考核的时候,我们发现她的业绩比之前预计的超过了近20%,各事业部的总监们对她也更加友好、更多支持。

没有激情就不会有任何伟大的成就。艮卦管理之道就是要我们抑止自己的不恰当举动,反观自己,认清自己的情绪、优势、劣势和个人需求,洞悉自己的内驱力,点燃内心激情,奔向"杰出领导者"!

解码五十四：和而不同。

☱ 兑:丽泽,君子以朋友讲习。

【白话】《象辞》说:兑(泽)下兑(泽)上,为两个泽水并连之表象。泽水相互流通滋润,彼此受益,象征喜悦。君子乐于同志同道合的朋友一道研讨学业,讲习道义,这是人生最大的乐趣。

除了一些伟大的艺术家、科学家和运动员,很少有人能独自完成工作并做出成绩。大多数人需要与他人共事,一起在团队协作中取得成果。

兑卦提醒我们:了解伙伴,沟通团队。

每一个人都跟我们自己一样都是独立个体,我们会执意坚持自己作为个体的行为方式,有自己的优势、做事方式和价值观。因此,要使工作富有成效,我们就必须了解共事伙伴的优势、工作方式和价值观。同时,对沟通负责,与任务不同、责任不同的人共事,并建立互信、彼此理解——虽然不一定意味着要相互喜爱。

我们经常看到这么个场景:某位高管手下的团队向公司董事会提交了一份分析报告,但这份报告漏洞百出。于是,这位高管发现后难免怒气冲天,想想砸桌子踢凳子甚至打人。这些高管可以暴跳如雷,朝下属大声吼叫;或者保持可怕的沉默,对每个人怒目而视,拂袖而去……

但是,兑卦的管理之道是这样来处理的——这位高管谨慎地选择一些措辞,承认团队的问题,但不会急于下结论。然后,退一步反思出现问题的原因。是个人原因吗,比如团队成员努力不够?是事出有因吗,比如团队遭遇了一些不可控的情况?自己本人在其中扮演了何种角色?……紧接着,召集整个团队,说明此次事件造成的后果,并直陈自己的感受。随后,提出自己对问题的分析,并与团队一起探索出解决方案和改进方法……

要想践行兑卦管理之道,除了要了解自己的情绪、优势、劣势、内驱力、价值观、目标以及对他人的影响,还要对破坏性的情绪和冲动能够进行控制和转移,随后,才能考虑别人的感受,了解伙伴、沟通团队,吸引、留住、培养和容纳人才,最后携同联手建功立业。

27. 柔顺选择

变是唯一不变的真理,管理行为更是如此。

在"知止"之后,要有所行动,但是要试探性地逐步实行、柔顺前进。不论地位多么尊贵,待人也要谦和;不论多么富有,也不能肆意妄为。

这是我们的一种选择和定位——以什么样的管理方式处理企业的问题,就等于选择什么样的组织生活。

解码五十五:柔顺前进。

☶☴ 渐:山上有水,君子以居贤德善俗。

【白话】《象辞》说:艮(山)下巽(风)上,表明高山上的树木逐渐长得高大,象征循序渐进。君子观看高山上的树木逐渐长得高大的情况,由是修养德行,改善社会的风尚、礼节和习惯。

成功的事业不是计划出来的。当我们了解了自己的优势、工作方式和价值观,并准备好拥抱机会时,事业就会自然而然地发展。彼得·德鲁克说:"知道自己归属于何处,能够是一个勤奋、有能力但原本表现平平的普通人变成出类拔萃的工作能手。"

渐卦提醒我们：投身归属，谋划未来。

少数人很早就知道自己将归属何方，对于我们大多数人而言，尤其是天资好的人，并不完全清楚自己将何去何从，一般都是直到25岁以后才有头绪。不过，我们先要搞清楚自己的优势、做事方式和价值观是什么。

此外，在这茫茫人生中，由于长年（20年乃至25年）从事同样的工作，我们在自己的业务领域成了行家里手，再也没有什么新东西可学习、可贡献，或者再也无法从中发现挑战、获得满足。因此，渐卦暗示我们在全身心投入归属事业和组织的同时，早日为自己的下半生谋划，发展第二事业——这即是为什么经理人在进行自我管理后，越来越多人或换一份新工作，或发展一份平行事业，或成为社会企业家。

远的不说，近的在我们投资的几个特别优秀的项目中就有几个很好的案例。首先是前面提过的DP教育科技公司的董事长，他原是世界500强企业大中华区的总经理，后因看好DP公司这个项目以及团队，放弃了几百万的年薪而二次创业。然后是XB软件公司的董事长和总经理，一个原是某985高校的学院院长，一个原是某上市公司的副总经理，他们人生价值观、目标、理想一致，放弃了高管高薪进行二次创业。此外还有从央企高管职位上辞职出来的、卖掉第一家发展前景良好公司投身于第二家公司创业的……

当然,我也是在渐卦的"敲打"晓喻后,辞去了公务员,下海创业,并积极投身各项社会事业,如写作、青少年工作、创新创业孵化等工作。

解码五十六:行为定位。

☳ 归妹:泽上有雷,君子以永终知敝。

【白话】《象辞》说:兑(泽)下震(雷)上,兑又代表少女,震又代表长男,为嫁出少女之表象。君子应当永远使夫妇和谐,白头偕老,防止夫妇关系被破坏。

为了增加自由支配的时间,管理者们应该最大限度地减少或消除受下属支配的时间,然后利用所增加的时间更好地完成上司和组织下达的任务。因此,不可避免地要培养下属的主动性。

归妹卦提醒我们:懂得授权,适得其位。

大多数管理者把过多的时间花在解决下属的问题上,自己却对此浑然不觉。如果我们不断鼓励下属自己解决问题,他们就能学到新的技能,这样也能让我们有更多时间来完成自己的工作。

不过,授权下属是一项困难而复杂的工作。其中的原因,是当我们把问题归还给下属让他们自己解决时,我们必须确信他们有解决问题的意愿和能力。此外,有效授权取决于管理者和下属相互信任的关系,下属既具有主动性又适得其位。

其实,归妹管理之道的另一个"授权"和"适得"的含义:做好自己和自己团队的强项,把其他事情交给专业人士和专业团队。在今天的商业社会,我们对团队的依赖日益增长,我们还需要应对全球化步伐的加快,我们更需要去留住人才。如果不懂授权他人和适得己位,那么要有大的作为几乎是不可能的。

"授权"是借势、借力和整合;"适得"则是发势、发力和塑造。我们投资的XB软件公司及其团队是归妹"授权"和"适得"的范例。

XB软件公司是网络培训的SaaS平台,它专注于软件平台服务,为高校、职校、企业内训、培训机构提供全面的软件开发、系统运营和维护,以及招生等综合服务,但是,它不提供相关内容、教师以及品牌。互联网培训SaaS技术支撑和运营服务是XB团队的优势、强项和专注点,于是XB人把这些事物之外的其他工作与其他团队、公司进行合作、协作。此外,他们致力于与这些团队和公司保持良好的合作关系,积极打造一种互联网培训产业的生态链。

28. 合丰聚涣

组织和企业要发展壮大自己,无非有两种管理和经营途径:一是"涣"道,聚合散乱的人心,同心协力把公司治理好,壮大强盛自己。一是"丰"道,打击对手,蚕食竞争对手"地盘"和客户,收纳竞争企业的人才,兼并对手,以此达到企业的市场扩张、行业融合和产业升级。

具体到管理行为来说,就是要清晰考评、确立组织愿景。

解码五十七:丰大自立。

☲ 丰:雷电皆至,君子以折狱致刑。

【白话】《象辞》说:离(火)下(震)雷上,离又代表闪电,震为雷,为雷电同时到来之表象,象征盛大丰满。君子应该像雷电那样,审案用刑正大光明。

现今的管理者认识到,公司设定的衡量指标对绩效有着巨大的影响。但是,人们很少会把衡量指标作为战略中必不可少的组成部分。不过,我们也知道绩效评估和奖励问题一直都是组织机构(特别是烦琐的机构)的一个最大的问题。因为,考评和奖励如果与组织前行

（变革）的方向相悖，就可能起到非常消极的作用。所以，有效的绩效衡量必须成为管理流程必不可少的一部分。

丰卦告诉我们：要有清晰明确的考评机制。

通常情况下，竞争会在无须高额奖励的情况下，激发起人们的斗志，但大家也不是傻瓜。如果设计得不好，人们会觉得这种游戏毫无疑义，进而会滋生一种愤怒和怀疑的情绪。诚挚是非常关键的，而"清晰"、"明确"的"游戏规则"很容易让我们感到诚挚。

HS公司是一家资产经营管理公司，其经营的业态包含商业、酒店、商务以及物业管理等，相比较于互联网等新兴产业要传统得多。不过，也正因为如此，它的经营管理团队里各人的素质和能力参差不齐、高低不整，这恰恰给管理增加了难度。

刚开始的时候，HS公司的管理者希望引进新战略和创新的运营流程，以谋求业绩上的突破。可是，接下来他们却沿用过去十来年的经验，使用老的财务指标（如投资回报率、销售增占率和营业收入等）。这些管理者不仅没有引进新的衡量指标去检测新的目标和流程，也没有去反思原来别的项目带来的个人经验性指标能否衡量新战略举措。因此，在一段时间之后，引起HS公司的股东对经营班子的极度不满——这段时间发生了消防安全事故、电梯故障、工程缺漏、停车场保安腐败、保洁不到位、安防系统出错等事件。

丰卦的管理之道，就是要制定规章制度、明确考核指标等体制机制管理公司，更重要的是要把这些体制机制向全公司上下明确，明确赏罚，并不折不扣地执行下去——赏与罚都在明处，奖和惩也在人前。有言在先、言出必行，言必信行必果。

解码五十八：凝聚内外。

☲ 涣：风行水上，先王以享于帝立庙。

【白话】《象辞》说：坎（水）下巽（风）上，为风行水上之表象，象征涣散、离散。先代君王为了收合归拢人心便祭祀天帝，修建庙宇。

在企业管理的过程中，掌握财务数据是非常必要的，但是在那些能够帮助我们就公司发展方向达成共识的因素中，描绘未来图景才是最重要的——因为它们很可能代表了公司和我们每一个人的未来。

涣卦劝说我们：确立团队（而非自私的）愿景。

现在的我们已经知道了愿景的重要性，但是我们真的能够确立愿景吗——这个问题跟"问对问题"的喻义相似。不过，真正的愿景不是口号（也不只是口号），它能够详细预见到可能的未来，包含了创造性和情感性的成分。企业发展愿景具有一种有效的协调功能，这种功能与企业实行变革的速度直接相关。

如果我们想让满屋的高管沉默，可以用一个简单的做法，向他们提问："你凭什么领导别人？"经验告诉我们，问完这个问题之后，在场的高管旋即陷入沉默，不知该说些什么。因为作为管理者的我们害怕这个问题是有充分原因的——在组织中，如果没有追随者，我们将一事无成。所以，我们必须想办法调动团队积极性，激发团队成员投身公司目标的热情并付诸行动。

我非常享受我今天所在的团队，虽然我们在一起的方式是"合伙人"的模式，但是在我们的心里都拥护着一位且只是这一位Leader。他并不是十全十美，也常常需要我们大家的帮助，也正因为如此，我们觉得跟他有更多的合作机会，也能可以和他成为挚友。然后，他能透析我们异常言语和异常行为的弦外之音和隐藏情绪，并准确地给出反馈。再然后，他能够设身处地地为各位合伙人着想，并且真正关心大家的工作情况，主动与大家分享经验、利益。当然，我们都非常清楚他的独特之处，也正是这一点激励、鞭策着我们。

只要这个领导者拥有能够真正领导别人的特质，那么就能收合归拢人心，聚涣而整而合。

29．顺行适宜

全球化的今天，人们出外行旅经商已是不可少，这种异地管理的要求会更高、更高。因此，要小心谨慎，坚守正道，以柔顺中和的品德待人处事，因时制宜，言行得体，心胸开阔。

企业的管理文化不仅要倡导知道什么事当坚持地做什么是不做，也要控制好当做之事的限度，不宜过分，适可而止。切忌猥猥琐琐，不可斤斤计较，更不可过于贪图钱财。

解码五十九：阎旅慎罚。

☲ 旅：山上有火，君子以明慎用而不留狱。

【白话】《象辞》说：艮（山）下离（火）上，为火势匆匆蔓延之表象，象征行旅之人匆匆赶路。君子观此应谨慎使用刑罚，明断决狱。

如今的员工已经成为"互联网原住民"，管理者需要认清这些员工的新特性以及领导者的新功能。

我们今天所处的时代正经历着巨大的变革，互联网和移动浪潮猛烈冲击着传统商业世界，互联网原住民队伍不断壮大,组织变得越来越网络化和扁平化,更可怕的是员工接管了话语权——他们将组织内部任何接触点上的真实感受迅速传递。可是,我们却比任何时期都更需要员工的忠诚,希望他们成为公司积极的代言人,并期望他们表现出更加自主的创造力和协作精神。

旅卦劝说我们:认清员工特性和领导功能。

如今我们生活在的数字化商业世界主要是由员工决定公司是否能够拥有新的客户群与营业额。公司的员工也决定着谁将赢得优秀的人才。为了在风云变幻的市场上不断以新的方式吸引客户,企业必须创造适合的内部环境,推行适应这一变化的领导文化。

我们所有的工作最终都要回到人上,人对了,一切就都好了,因为人好是我们工作的起点也是目的。我们在谈到企业的战略、执行、预算、产品的时候,我们心里已假设我们有人,有对的人、好的人来实施这些工作,可是我们有吗?那可不一定。

我们说企业中人是最核心的因素,只要有正确的人企业就能发展好。可是在企业管理中几乎等于什么也没说,因为也有人说过产品是第一重要的,也有人说财务最重要,还有人说创新是企业的生命。其实,我们应该明白:找不到合伙人,用不了正确的人,管不好人是人类发展中每个管理者的天生自然缺陷。

旅卦的卦象其实在晓喻我们,在企业和企业管理中，与其他因素比较起来人具有更根本、更有张力的作用，选人、用人、评价人、激励人和培养人就成了管理者的根本方法。这就要求公司的领导者学会与员工分享公司未来、分享公司的梦想，也只有这样才能找到真正的合伙人。

创业是一场马拉松，是一个长期、艰苦的过程，同时还要求我们必须保持百米冲刺的速度，所以分享机制、激励机制非常重要。创业过程中更需要分享股权，把真正有能力的员工变成真正创业合伙人或者事业合伙人。我想，我们应该从史蒂夫·乔布斯的人观点中得到更多的启发——即我看不上的人，我就不会跟他合作。我跟他合作证明我很看重他，但是我既然跟他合作，我就要不断地去挑战他，要帮助他发现问题，希望他能改进。如果他承受不起这些挑战，"必须把他们赶走……这个工作做得（可以）人性化一点儿，但是（这）工作必须得做，而且永远是件苦差事"。

解码六十：适可而止。

☵ 节：泽上有水，君子以制数度，议德行。

【白话】《象辞》说：兑（泽）下坎（水）上，为泽上有水之表象，象征以堤防来节制。水在泽中，一旦满了就溢出来，而堤防本身就是用来节制水的盈虚的。君子应当制定典章制度和必要的礼仪法度来作为行事的准则，以此来节制人们的行为。

《孟子·离娄上》有云:"离娄之明,公输子之巧,不以规矩,不能成方圆。"就算有如离娄那样精明的眼睛,有公输般那样的巧匠,不凭规和矩,还是画不成方或圆的。

节卦劝说我们:明确公司价值观和组织理想。

人类的管理行为我们有理由认为是在自从出现了人类群体、群居就应该有了,可是,管理作为一门科学和学科的出现则是在最近百年——标志性的人物是被尊称为"科学管理之父"的弗雷德里克·泰勒[1]。那么,在没有科学管理指导的那些日子(这些日子的总和几乎就是整个人类史),人们的管理行为是如何组织、开展、进行、发展的呢?

是节[2]。

"起初神创造天地。地是空虚混沌,渊面黑暗;神的灵运行在水面上。神说:'要有光',就有了光。神看光是好的,就把光暗分开了。神称光为昼,称暗为夜……"《圣经·创世记》开篇记载的就是神如何利用光"节"了

---

[1] 弗雷德里克·泰勒,美国著名发明家和古典管理学家,科学管理的创始人,被尊为"科学管理之父"。

[2] 节,从竹即声。竹约也。约,缠束也。竹节如缠束之状。泛指草木枝干间坚实结节的部分。引申的组词有:骨节、节骨眼、节病、节日、节下、气节、节介、节令、节序、节宣、节度、节礼、节文、符节、节拍、章节、节制、节性、调节……

昼夜的事情。

我国民间神话传说"盘古开天"说：很久很久以前，天和地还没有分开，宇宙混沌一片。有个叫盘古的巨人，在这混沌之中，一直睡了十万八千年。有一天，盘古突然醒了。他看见周围一片漆黑，就抡起大斧头，朝眼前的黑暗猛劈过去。只听一声巨响，混沌一片的东西渐渐分开了。轻而清的东西缓缓上升，变成了天；重而浊的东西慢慢下降，变成了地……这个传说，说的是盘古如何用斧子"节"了天地的故事。

节了昼夜、天地之后，世界上就有了年节、季节、月节、周节、日节、时节、分节、秒节，以及五湖四海……

当然，这节也把阴阳分了，有了一生二、二生三、三生万物。

这个世界的存在，不是节与不节的问题，而是如何节的问题。《易》说"水在泽中"为节，所以这节就是节"大"还是节"小"的事情了。有容乃大，微容则小。这么说来，节卦的管理之道就是明确企业价值观和远景目标，有了明确的价值观和目标，企业发展如何"节"就有了标准和量尺了。知道了如何"节"，一就生出了二，那么，离"生三""生万物"就有联想了。

30．以诚矫正

　　诚信是契约社会的基础，也是企业管理的基石。当先讲诚信，再谈管理；先讲信用，再谈生意。这就是管理的"中孚"之道——待人以诚，待人以宽。

　　我国的哲学告诉我们，事物在发展过程中，有时柔小，寻常之处应当稍微越过的道理。同样，在管理行为中，有时候欲矫枉须过正，但这只适用于小事不适用大事。这就是管理的"小过"之道——小有过越，矫枉过正。

解码六十一：真诚领导。

　　☲ 中孚：泽上有风，君子以议狱缓死。

　　【白话】《象辞》说：兑（泽）下巽（风）上，为泽上有风，风吹动着泽水之表象，比喻没有诚信之德施及不到的地方，象征极为诚信。君子应当广施信德，慎重地议论刑法讼狱，宽缓死刑。

　　现在，人们已经变得对领导者很不信任。最根本的原因是人们感觉到领导者不够真诚。

　　真诚的领导者会热切追求自己的目标，坚持自己的价值观，他们既用心灵去感受，也用大脑去思考。他们懂得如何与人建立长期且有意的联系，并严于律己，以实现目标。他们还对自己有清醒的认识。

中孚卦向我们说的是：成为真诚的领导。

发现和增强自身的真诚领导力，最重要的一点是通过诠释自身的经历而进行更多的自我认知，从而不做生活的旁观者，积极体验人生。我们经历的人生不是我们的人生，而是我们体会到的人生。也就是说，我们生命中发生的具体事件并不那么重要，重要的是我们如何描述我们的人生历程。

曾国藩带兵打仗在旁人看来明明是屡战屡败，可是，他在给朝廷的报告中却描述说是屡败屡战。正是这种积极向上的态度、有助于个人成长的失败经历赋予了他人生更多意义。真诚的领导者认为是生活中的转折性经历给予了他们力量，并帮助他们更深地理解了领导力的含义。

接下来是自我认知。认识真实的自我需要勇气、诚实，以开放的心态探究自己的人生经历，而能够做到这一点的领导者往往更富有人性，愿意暴露自己的弱点，并更能容忍自己的失败和失望，而不是不断自责。

哈佛商学院的比尔·乔志教授和他的研究团队告诉我们：真诚领导者的价值观基础来自个人的信念或信仰。而所谓的领导原则，就是领导者在行动中体现出来的价值观。真诚领导者既要有强烈的工作动机，又要维持生活平衡，了解能够驱动自己前进的因素——包括内部动机和外部动机，弄明白去何处寻找幸福和充实的生活以摆脱物质主义。

而后是建立自己的支持团队。如果没有关系密切的人提供不同的视角，领导者会很容易迷失自我。为了确保方向的正确，真诚的领导者往往会建立出色的支持团队。支持团队包括各种角色，由配偶、家人、导师、密友以及同事共同组成，经过时间的磨砺慢慢形成。而与他们的密切关系，是在表达共同的价值观、探讨共同目标的过程中逐步建立的。

之后是将生活中的各个部分融为一体，也是领导者面临的最大挑战之一。真诚领导者在任何情况下都坚持自我，严格自律以保持真诚如一。真诚领导者谨记扎根生活的重要性，将个人生活和职业生活相融合，懂得控制压力，维持生活的平衡感。

当然，中孚卦的管理之道还提醒我们要对组织内部的人员授权，以帮助公司取得优异的长期业绩。组织成功的关键是在各个层面上都有获得充分授权的领导者，包括那些手下没有直接下属的人。

所有的领导者都必须关注如何实现赢利。业绩良好有利于提高领导力的有效性，而有效的领导力会增进企业的业绩。通过这种良性循环，真诚领导者不管在顺境还是在逆境中都可以保持基业长青。

解码六十二：矫枉过正。

☳ 小过：山上有雷，君子以行过乎恭，丧过乎哀，用过乎俭。

【白话】《象辞》说：艮（山）下震（雷）上，为山上响雷之表象，雷声超过了寻常的雷鸣，象征小有过越。君子应在一些寻常小事上能略有过分，如行止时过分恭敬，遇到丧事时过分悲哀，日常用度过分节俭，为的是矫枉过正。

作为一个成熟的企业管理者，那么我们必然有过在职业生涯初期应该获得很多指导和帮助的经历，同时，也受过严格的监督、培养和辅导。不过，当随着职位越来越高，我们获得的坦率而有价值的反馈就越来越少。

可是，就算是杰出的领导者，在职业生涯中也难免会有段时间偏离正轨。此外，因为当局者迷的缘故，人们总是很难察觉自己的错误，加上环境的变化、竞争对手甚至个人情况的变化都可能悄然把我们引入歧途、迷失真我。

小过卦向我们说的是：重塑真我的人生。

哈佛商学院的罗伯特·卡普兰教授的研究成果告诉我们：成熟而卓越的领导者都有一个重要的特点——他们不会考虑怎样做才能永不犯错，而是会找到方法来发现自己工作上的失误，然后尽快重新回到正轨。那就是小过的管理之道：以矫枉过正的姿态，通过不间断的反思，重塑真我。

从商之路是一场马拉松，而不是一次短跑冲刺。领导者在这条漫漫长路上必须学会停下脚步,冷静反思究竟哪些事情给自己造成压力,观察与学习其他领导人的领导风格,从中汲取适合自己的元素,表现出真正的自己,形成一种与自己独特才能和个性相符合的领导风格——即使是不太正统的风格,只要它与我们的技能、个性和价值观相符。

CR科技公司是我们投资一家从事医疗后服务的互联网科技公司,发展潜力巨大、前景看好。于是,在短短的一年多的时间里迅速进入全国二十多个城市,覆盖三十余家三甲医院。于是,在半年前获得的A轮1 200万元的融资之后,B轮融资的时机快速到来,并且在公司估值上预计可达到3亿元。在全国各大投资机构纷纷争抢、哄抬估值的时候,公司主要创业人却做出了一个让许多投资机构"咋舌"的决定:以估值1.5亿元作价,快速融一轮Pre-B。

其实,CR公司的领导人何尝不想融一轮大的? 只是,他们在各种杂音的背后冷静思考、反思自己、反思团队、反思公司,觉得要在跨进快速扩张的那一阶段,需要调整一下步伐:理理团队、理理战略、重塑自我。于是,他们采取了这种战略性放慢发展速度的方式。

近两年,我们见过太多公司因过分追求资本、追求上市,而迎合投资机构的风格,而在获得投资资金或企业上市之后发展乏力、丧失自我,甚至走向灭亡的道路。我们很欣赏CR科技公司的领导们能够在这个吵嚷的商业社会里战略性放慢速度、深刻反思,"小过"长行。

待
续

相生相续

相生相续,万物互联。

过程的结束不等于发展的停止,在安定里潜藏着动荡,在吉利的背后隐伏着危机。"既济"与"未济"、既成与未成、旧与新、死与生相生相续,生生不息以至无限……

今天,大家都承认互联网是管理的一项新技术。网络能够扩大创造力,通过普遍深入且即时的联结来发挥最大效益。特别是在21世纪,基于"参与者"构架上的Web2.0的出现,管理的控制与协调的水平联系过程代替了垂直关系——这种新型关系不受阶层和官僚制度的影响。因此，网络不仅颠覆着旧的商业模式，也正在彻底改写着我们的管理模式——管理2.0时代正在到来。

在今天这个"后管理"社会，谁来承担管理责任？更重要的是谁来发起变革呢？

有一种科学现象叫"玄出"——

在非洲南部稀树草原上，有很多像烟囱样的土堆——白蚁巢（冢）。这些白蚁巢高度一般有二三米，据说最高的可达九米，有四层楼那么高。这些高高耸立的白蚁巢穴，巨大、节能且舒适。白蚁是如何进行这些严密分工的？又是如何建造这些建筑的呢？这就是一种神奇的自然现象——玄出（emergence），由简单重复的运作产生新的、复杂的系统的过程。

玄出，是一种人类难以解释的神秘现象。由此，我联想到我们正在进行着的种种人类活动——或许我们在追求的最终管理形式正是这种人类玄出吧。

解码六十三：远虑忧患。

䷾ 既济：水在火上，君子以思患而豫防之。

【白话】《象辞》说：离（火）下坎（水）上，为水在火上之表象，比喻用火煮食物，食物已熟，象征事情已经成功。君子应有远大的目光，在事情成功之后，就要考虑将来可能出现的种种弊端，防患于未然，采取预防措施。

身为企业或组织的领导者，我们已经获得了一定意义上的成功，但是，我们却是有时挥洒自如，有时力不从心。于是，有人开始研究并最终发现：领导者发挥最佳时并未模仿他人，而是依循自己最基本的价值观和本能行事。

既济卦晓喻我们：遵从价值观和本能的行动。

如何让自己从仅仅是胜任工作变成超凡卓越？我们需要进入一种所谓的本真领导力状态[1]：当面临危机时，必须凭借自己最深层的价值观和本能来行动。

但是，如何进入这种本真状态呢？

若非强迫，人们通常不会离开舒适区。因此，要想进入本真领导力状态，按照一定的步骤循序渐进较为可行。而当人们意识到自己生活在假象中时，我们就更容易转变。我们每个人都曾面对个人或事业上的重大挑战，都曾在漆黑的夜晚经历过心灵挣扎。于困苦中跨越难关之际，我们已经自然而然进入了本真领导力状态。

我们已经知道，一直生活在自己的成绩和声誉之下

---

[1] 根据密歇根大学罗斯商学院罗伯特·奎恩教授的研究和定义，所谓本真领导力状态（fundamental state of leadership），就是领导者发挥最佳时并未模仿他人，而是依循自己最基本的价值观和本能行事，这并非他们的普通状态而是最佳状态（即本真状态）。

只会妨碍未来发展。在本真领导力状态下，我们会表现出种种正面品质，如远见卓识、自我驱动力、同理心和创新思维等。将普通状态下的表现与本真状态时对比，会激发出我们心中表现更优秀的渴望。明白我们曾经历过高水准的本真状态，我们能逐渐建立起自信，相信自己可以重新进入本真状态，不再惧怕步入未知领域与承担风险。

人们在大多数时候是追求舒适的。追求舒适的心态表现为虚伪的、自欺的，但也是一种普遍存在的现象。若要认清自己想要的结果，我们需要改变人生态度。我们探索目前尚未实现的可能性，而不是回避问题。我们会变得更积极、更有目的性、更乐观、更投入与更有毅力，我们还会变得更加充满活力，也带动身边的人精力充沛。

在普通状态下，我们顺从社会压力，避免冲突，与同事保持良好关系。最后，我们却疏远了与同事之间的关系，因为回避冲突导致了原则上的妥协，我们失去了自己独特的禀性。我们若想推动企业、组织做出更大成就，先要转为受内心指引的状态，考虑种种弊端。

大多数人在大多数时候会将个人需求置于集体需求之上，这很正常，也是本能使然。但若纯粹为了个人利益而与他人建立关系，就会毁掉他人对我们的信任。如果我们能够为了追求群体利益而不顾自己可能会受到的不利影响，人们会感受到这种态度，而对领导者产生尊敬和信赖之情。

此外，在既济卦象的管理晓喻里，我们还当学会问问自己是否以开放的心态感受外界，这样我们的态度就会从"控制环境"转为"从环境中学习"，而且有助于识别出变革的需要。知道我们会从他们的反馈中学习到有用的东西而非嫉恨，人们会对我们更加信赖。这样一来，便可在不断学习与自我强大之间建立起一个良性循环，就能够从非一般的视角看待事物，从而构建出变革的战略。

解码六十四：生生不息。

䷿ 未济：水在火上，君子以慎辨物居方。

【白话】《象辞》说：坎（水）下离（火）上，为火在水上之表象。火在水上，大火燃烧，水波浩浩，水火相对相克，象征着未完成。君子此时要明辨各种事物，看到事物的本质，努力使事物的变化趋向好的方面，这样做则万事可成。

现实中的管理之所以比我们谈的和想象的复杂得多，是因为绝大多数的管理者都在疲于应对来自各方无止境的需求，并感到自己需要承担各种各样的需求。尽管他们拥有明确的计划、目标，以及完成工作必需的知识，但是大多数管理者浪费了时间，降低了工作效率。他们认为自己没有足够的自主权和控制权,也没有完成某项工作应有的资源和机会。

未济卦晓喻我们:掌握工作主动权。

伦敦商学院的舒曼特拉·高沙尔教授等人的研究告诉我们:阻碍管理者成功的是更为个人化的因素。我们都想要创造令自己满意的职业生涯,并对自己所在的组织产生积极影响,只要理解了我们能如何约束自己、采取有目的性的战略行动,就能控制工作,而不是被工作控制。

高效的管理者会主动控制工作任务,以及主要利益相关者的期望,从而达成战略目标而不仅仅是“救火”。几乎每个人都会抱怨任务繁重,没有足够时间来全部完成。但是实际上,如果我们将一天的时间都用来处理繁琐的任务,这与懒散无异。如果我们对别人有求必应,反而会让真正需要我们的人得不到帮助。我们需要变得更加主动,必须先慢下来,集中利用时间和注意力,通过展现个人的目标和观点来影响别人对我们的期望,实现个人与组织的目标。

在真实的管理工作任务中,大多数时候是要在预算范围和资源限制内完成工作。因此,高效的管理者会想出一些别出心裁的策略,来规避那些虚虚实实的限制,并通过制定和执行长期战略,权衡取舍,偶尔打破规则避开限制,实现目标。尽管任务开始时我们可以运用的资源很少,支出限制难以逾越,我们可以采取确保人们对于一个个单独项目与计划的支持——而不是和盘托出全部构想,然后逐步地予以完成。

此外,真正高效的管理者不会把自己局限于个别任务或工作中,而是着眼于整个公司的发展和自己的职业生涯。研究发现,管理者们能够通过学习如何基于自己的潜能,来真正做出改变,从而识别和利用替代方案。

未济卦的管理之道还向我们展示:着眼于清晰的长期目标扩展我们的视野,并用我们自己的计划突破限制,向公司展示实现我们计划的可能性。未济卦启迪高效管理者抓住机会拓展工作范围,拥有更多选择,追求高远的目标。

附
一

六十四卦卦名次序歌

乾坤屯蒙需讼师,比小畜兮履泰否;
同人大有谦豫随,蛊临观兮噬嗑贲;
剥复无妄大畜颐,大过坎离三十备。
咸恒遁兮及大壮,晋与明夷家人睽;
蹇解损益夬姤萃,升困井革鼎震继;
艮渐归妹丰旅巽,兑涣节兮中孚至;
小过既济兼未济,是为下经三十四。

附二

八卦常识

其一　八卦歌诀

乾三连,坤六断,震仰盂,艮覆碗,

离中虚,坎中满,兑上缺,巽下断。

其二　八卦代数

乾一,兑二,离三,震四,巽五,坎六,艮

七,坤八。

其三　八卦五行

乾、兑(金);震、巽(木);

坤、艮(土);离(火);坎(水)。

其四　八卦生克

乾、兑(金)生坎(水)

坎(水)生震、巽(木)

震、巽(木)生离(火)

离(火)生坤、艮(土)

坤、艮(土)生乾、兑(金)

乾、兑(金)克震、巽(木)

震、巽(木)克坤、艮(土)

坤、艮(土)克坎(水)

坎(水)克离(火)

离(火)克乾、兑(金)

其五　八卦旺衰

乾、兑旺于秋,衰于冬;

震、巽旺于春,衰于夏;

坤、艮旺于四季[1],衰于秋;

离旺于夏,衰于四季;

坎旺于冬,衰于春。

---

[1] 四季,指每个季节的后一个月。

附

三

阅读推荐

1.《十八名家解周易》,杨军主编

2.《易经杂说》,南怀瑾著

3.《周易宗义》,杨淯植著

4.《圣经》,中文圣经启导本汉语简化字版

5.《管理的未来》,【美】加里·哈默、比尔·布林著

6.《管理的实践》,【美】彼得·德鲁克著

7.《卓有成效的管理者》,【美】彼得·德鲁克著

8.《信号与噪声》,【美】纳特·西尔弗著

9.《变革之心》,【美】约翰·P·科特、丹·S·科恩著

10.《长尾理论》,【美】克里斯·安德森著

11.《大数据时代》,【英】维克托·迈尔-舍恩伯格、肯尼思·库克耶著

12.《大转折时代: 生活与思维方式的大转折》,【美】戴维·霍尔著

13.《互联网思维: 商业颠覆与重构》,陈光锋编著

14.《创新者的窘境》,【美】克莱顿·克里斯坦森著

15.《学会提问》,【美】尼尔·布朗、斯图尔特·基利著

16.《互联网商规11条》,【美】艾·里斯、劳拉·里斯著

17.《习惯的力量》,【美】查尔斯·都希格著

18.《从0到1: 开启商业与未来的秘密》,【美】彼得·蒂尔著

19.《联盟: 互联网时代的人才变革》,【美】里德·霍夫曼著

20.《思考,快与慢》,【美】丹尼尔·卡尼曼著